현대신서
101

맞 불

피에르 부르디외

현택수 옮김

東文選

맞 불

Pierre Bourdieu

Contre-feux

© Éditions Raisons d'Agir, 1998

This edition was published by arrangement
with Éditions Raisons d'Agir, Paris
through Korea Copyright Center, Seoul

차　례

6 맞 불

역자 서문

1. 지식인 부르디외와 《맞불》

피에르 부르디외(1930-2002)는 프랑스 최고의 아카데미라고 할 수 있는 '콜레주 드 프랑스'의 사회학 교수이다. 그는 독창적인 사회학 이론과 방대한 학문적 업적으로 세계적 명성을 떨쳤고, 마르크스·뒤르켐·베버의 뒤를 이어 현대 사회학사에 중요한 한 획을 그은 거목으로 평가되고 있다.

부르디외의 사회학은 자기 성찰적이면서 사회 비판적이다. 그는 사회학이 사회 구조의 숨은 구조를 드러내는 학문이라고 말해 왔다. 그리하여 그의 연구의 주관심은 불평등과 지배 체제가 존재하는 사회 구조와 상징적 폭력의 기제를 드러내는 데에 모아졌다. 이런 학문적 자세에서 그는 알제리 식민지 현실을 연구하고, 좌파 이론으로 68혁명에도 영향을 주었다. 혹자는 그의 비판사회학을 전투에 비유한다. 부르디외를 주인공으로 한 피에르 카를의 다큐멘터리 영화 《사회학은 전투의 스포

츠이다》(2001)에서 볼 수 있듯이, 그의 사회학은 지배 권력 구조와 싸우는 전투와 같다는 것이다. 그러나 그의 성찰적 비판 사회학은 주로 객관적·이론적 작업으로서, 현장보다는 상아탑에서 확고한 위치를 차지하고 있다.

1990년대부터 부르디외는 사회 비판적·비관적 지식을 낙관주의적 행동으로 옮기면서 이론과 실천을 통합하려고 했다. 즉 그의 사회 참여가 본격적으로 시작된 것이었다. 그는 《세계의 비참》이란 책에서 신자유주의 경제 정책의 부정적 결과에 대한 연구를 보여 주었다. 그리고 1993년부터 '실업에 대항하여 함께 행동하자' 라는 사회단체 호소문에 서명하면서 능동적 사회 참여의 모습을 보이기 시작했다. 또한 90년 중반 이후부터는 현장과 거리로 나오는 등 보다 더 적극적인 사회 참여를 하였다.

부르디외는 노동 파업·실업자 시위·외국인 차별 등 여러 사회 갈등의 현장에 모습을 드러내고, 그가 혐오하던 미디어에도 자주 출연하였다. 그가 지식인 사회에서뿐 아니라 대중적으로 널리 알려지고, 비판적 합리주의의 지적 무기를 갖고 반세계화 운동에 참여하게 되는 것은 1995년 12월의 대파업 이후이다.

그런데 왜 프랑스 최고의 지성이자 세계적인 명성을 가진 노학자가 거리로 나서게 되었을까. 노학자를 사회로 불러내게 한 것은 절박한 사회 상황이다. 신자유주의가 몰고 오는 사회적 불의를 외면한 채 상아탑에 안주하여 침묵하고 있는 것은 지식인으로서 죄를 짓는 것이라고 부르디외는 생각했다. 그는 "지식인으로서 산다는 것이 정당하다고는 정말로 한번도 느낀 적 없다"고 말했다. 그래서 그는 민중과 함께하는, 행동하는 지식인으로서의 삶을 택하게 된 것이다. 사실상 그는 엘리트주의나 대중주의에도 거리를 두는 통합적 지식인이 되고자 했다.

그는 이 사회에 대해 '정당한 분노'를 느끼고 지식인으로서 사회 참여의 의무감에 사로잡힌다. 진정한 좌파 지식인으로서의 책무를 다하기 위해서는 보다 적극적이고 직접적으로 사회 참여를 해야 한다고 깨달은 것이다.

부르디외가 학자로서의 노숙기에서 이렇게 적극적으로 사회에 뛰어드는 또 하나의 이유는 사회가 그에게 준 학문적·사회적 명성 때문이기도 하다. 그가 갖고 있는 큰 사회·문화적 자본으로 인해 사회적 책임과 의무 또한 커진 것이다. 그는 학자의 사회적 의무를 강조한 뒤르켐의 후예라고 자처한다. 또 그는 학자가 인류의 공무원이라고 한 후설의 이야기에도 공감한다. 즉 학자나 공무원은 지배하는 자가 아니라, 공적인 책임을 성실하게 수행해야 할 사회적 책임을 지닌 사람이란 것이다.

부르디외는 또 다른 표현 방식으로 지식인의 책무를 강조한다. "천문학자가 지구로 돌진하는 유성에 대해 침묵한다면 그는 방조죄를 범하는 것이다. 나는 신자유주의가 국가의 역할을 퇴보시키고 사회보장제도를 약화시켜 결국 경제·사회적으로 약자의 삶을 피폐화시킨다는 자료와 전망을 가지고 있다. 사회학자로서 내가 확신하는 예측이 있다면 적극적으로 알려야만 한다.”

부르디외에 의하면 신자유주의는 전 세계에 동일한 경제적 장(場)을 강요하면서 이에 대한 모든 장애를 철폐하자는 것이다. 정치·사회·문화 등 모든 영역들이 국제 금융 자본의 논리에 휩쓸려 방향을 잃고 있다. 그가 보기에 세계화의 결과는 자명해지고 있다. 대량 해고, 국내 빈부 격차뿐만 아니라 부국과 빈국 간 격차 등 불평등이 증가하고, 물질적·정신적 비참함이 커지고 있다. 그리고 이런 것에 저항하는 연대가 붕괴되어 가고, 해체 압박을 받고 있다. 그 결과 관련한 모든 형태의 사회적 무질서만 증대하게 되고, 이것은 마치 미친 문명과 같다는 것이다.

부르디외는 미친 문명으로서 대재앙을 불러오는 신자유주의의 화마(火魔)를 차단하기 위해 《맞불》을 질렀다. 이 책은 신자유주의 비판과 이에 저항하는 지식인의 의무 등을 주제로 1992년부터 1998년까지 저자가 직접 사회 운동의 현장에 참여하여 행한 강연과 이와 관련된 에세이·대담 등을 한데 묶어 출간한 것이다. 따라서 이 책은 저자의 말대로 이전의 그의 이론 저서들과는 사뭇 다르게 ‘체계적으로 통제된’ 형식의 책이 아니다. 강연 현장과 글이 씌어진 상황 및 당시 타깃 독자층에 따라 그의 글들은 논리와 설명에 있어서 단순하고 축약성을 띨 수밖에 없고, 직설적이고 때로는 선동적이기까지 하다.

그러나 저자의 글의 선동적 성격은 이미 세계 체제 내에 상당히 깊숙이 침투해 있는 신자유주의 재앙에 대한 위기 의식을 시급히 환기시키고, 이를 저지하는 공동 대응 방식과 구체적인 행동을 촉구하기 위해선 명료하고 효과적인 전달 방식일는지 모른다. 부르디외가 보기에 신자유주의는 노동권·사회보장권 등 그동안 인류 사회가 쌓아 온 '사회적 기득권'의 유산을 없애고, 세계적으로 불안정 취업과 대량 실업·빈곤·사회 불평등 등 여러 사회 문제들을 심화시키고 있다. 저자는 지식인, 노동자, 진보 정당, 사회단체 및 사회운동가, 민중들이 이러한 신자유주의가 낳은 결과에 대해 위기 의식과 대응 전략을 세계적으로 공유해야 한다고 강조한다. 부르디외는 "조종사 없는 항공기처럼 위험한 세계화와 신자유주의에 저항하기 위해 국제적 연대가 필요하다"고 전 세계에 호소한다. 《맞불》은 이런 목적을 갖고 출간된 것이다.

《맞불》이 출간된 수년 뒤인 2001년 3월 부르디외 교수는 콜레주 드 프랑스 교수 퇴임 강의에서 자신은 "학문의 장(場)에서 혁명을 일으키는 데는 성공했지만 제도의 장에서는 아직 목적지에 이르지 못했다"고 아쉬움을 토로했다. 그리고 그 이듬해 암으로 세상을 떠났다. 그는 죽는 날까지 병상에서 동료 연구자들의 작업을 교정하며 돕는 등 지적·사회적 책임을 다하려고 노력했다. 프랑스 언론들은 일제히 그에 대한 특집 기사를 내고 특집 방송을 했다. 한 라디오 방송국은 1주일 동안 거의 6시간에 걸쳐 지난 10년간의 부르디외와의 인터뷰를 내보냈다. 대통령과 각 정당 정치인들도 그의 죽음에 애도를 표했다.

부르디외는 그의 지적 성과와 사회 참여로써 사르트르 이후 현대 프랑스 최고의 행동하는 지식인의 표상으로 평가받고 있다. 그는 볼테르 · 졸라 · 사르트르로 대표되는 프랑스 지식인의 팡테옹에 안치되어 많은 국민의 존경을 받고 있다.

2. 지식인과 신자유주의

신자유주의와 세계화를 비판하는 과정에서 부르디외는 일부 학자들에 의해 '불행의 예언자' '쓸데없는 비관론자'로 간주되기도 했고, 그의 정치적 선동성이 비판받곤 했다. 철학계에선 그를 논란성 있는 '부르주아적 좌파 지식인'으로 분류하기도 했다.

물론 부르디외도 학자 본연의 길을 알고 있다. 그에 의하면 본래 사회 문제는 학자가 해결하기 어려운 난제이며, 사회학자의 임무는 우선 현상을 알리는 것일 뿐이지, 무엇을 어떻게 하라는 정언적 명제는 내리지 않는다. 그런데도 그가 학자로서 사회 참여의 길을 선택하게 된 것은 학자가 알고 있고 예측 가능한 신자유주의의 병폐를 알려야 한다는 의무감 때문이다.

이같은 관점에서 그는 지식인의 사회 참여의 변을 다음과 같이 과학자에 비유하기도 했다. "과학은 앞으로 일어날 일을 예측하는 것이며, 학자로서 자신이 예측한 일을 말하지 않는 것은 의무 방기이다. 예를 들어 천체학자가 혜성이 지구와 충돌해 시베리아나 동아시아의 어느 지점에 떨어질 것이란 사실을 예측했을 때 이를 말하지 않으면 되겠는가? 사회학자도 마찬가지다."

부르디외는 지식인들이 '역사적 책임성을 갖고, 도덕적·지적 행동에 참여'하기를 바란다. 그는 지식인들이 그들의 '전문 지식을 무기로 삼아' 신자유주의를 정당화하는 지식의 허구와 정치적 음모를 폭로하고 이를 중단시킬 것을 촉구한다. 저자는 신자유주의론 같은 '억설(臆說)에 대해 비판적인 지식인이 필요하다'고 주장한다.

사실상 국제통화기금(IMF)·세계무역기구(WTO)를 통하여 세계화를 주도하는 세력은 경제적·법률적 지식을 가진 전문 관료들이다. 이들과 대항하기 위해서는 역시 전문 지식으로 무장한 지식인의 참여가 필수 불가결하다. 그리고 부르디외는 현재 신자유주의와 세계화의 병폐에 대한 구체적인 증거와 논리적 비판의 근거는 충분하다고 본다.

부르디외에 의하면 지식인은 '권력으로부터 자유, 사회 통념 비판, 단순한 양자택일 분쇄, 문제의 복잡성 존중, 행동적 지식인으로서 투신' 등으로 정의된다. 지식인이 이런 학문적·사회적 기능을 하기 위해서는 우선 지식인들 사이의 직접적인 상호 이해의 커뮤니케이션이 요구된다. 오늘날 지식인의 지적 교류와 상호 이해를 방해하는 것은 지식인 사회에 널리 퍼져 있는 '정치의 논리, 고발과 중상의 논리, 슬로건화의 논리, 상대방의 사고에 대한 왜곡의 논리' 등이다. 부르디외는 진정한 '논증과 반박의 논리'가 지성계뿐만 아니라 공적 생활에 널리 퍼지기를 기대한다.

부르디외는 "진정한 비판적 반대 세력 없이 진정한 민주주의는 없다"고 말하며, "지식인은 그러한 비판 세력 가운데 최상급이 되어야 한다"고 강조한다.

이러한 부르디외의 사회참여론에 동조하는 일단의 지식인 집단의 움직임이 있었다. 부르디외를 중심으로 프랑스에서 형성된 비판적 지식인 집단의 등장이 그것이다.

1995년 12월에는 프랑스 전체가 심하게 동요했다. 정부 예산의 서민층의 부담 가중, 사회보장비 감축, 산업 구조 조정 등에 반대하는 노동자 대파업이 전개되었던 것이다. 그리고 1997년 말에는 실업자 대시위가 발생하였다. 이때 부르디외와 5백여 명의 지식인들이 이 파업 지지를 선언하였다. 그리고 이들을 중심으로 '행동하는 이성(Raisons d'Agir)'이라고 불리는 일단의 지식인 집단이 형성되었다. 이 지식인 집단에는 부르디외를 비롯하여 자크 데리다·비달 나케 등 진보적 학자 지식인들이 대거 참여하였다.

그리고 이 지식인 집단이 대중 독자를 겨냥하여 출간하는 교양 문고 시리즈는 베스트셀러를 기록하고 스테디셀러를 유지하여 대중의 폭발적인 호응을 얻고 있다. 이들은 프랑스 사회 비판뿐만 아니라, 더 나아가 유럽 사회 상황에 대한 비판과 우려를 표명하면서 지식인들의 국제적 연대를 호소하였다. 그리하여 유럽 각국에 지부를 형성하기에 이르고, 국제적 연대를 더욱 공고히 하고 있다. 사회 운동 세력과 연대하여 신자유주의 반대 운동의 세계화, 유럽 지식인 사회의 연대화를 통해 정치 이념을 선명화하여 유럽의회 진출 등 정치 세력화도 모색하고 있다.

부르디외가 기대하는 것은 진정한 좌파 세력의 국제적 연대이다. 그가 보기에 유럽의 좌파 지식인들은 '지식 귀족화'되어 있고, 그들 자신과 지배층의 기득권 옹호에 급급하다. 기존 좌파 지식인들은 권력을 옹호하고, 경제적으로 사회 기득권층에 의존하며, 미디어에 의해 형성되는 명예를 추구한다. 부르디외와 함께하는 지식인 집단 '행동하는 이성'은 지금까지 좌파 지식인으로서 명성을 날리며 영향력을 행사해 오던 일단의 지식인들을 비판하고 나섰다. 그리고 이들은 자신을 좌파 중의 좌파, 진정한 좌파로서 부각시키는 등 좌파 지식인 사회에서의 패권 경쟁을 보여 주기도 하였다.

부르디외에 따르면 기존 좌파는 신자유주의의 이념과 정책을 받아들이고 있는 사이비 좌파이다. 조스팽·블레어·슈뢰더도 사이비 좌파이다. 부르디외가 '국가 대귀족' 혹은 '국가의 오른손'이라고 부르는 고급 관료들은 사회복지와 사회보장을 통한 공공의 이익과 서비스에 반(反)하는 정책을 밀고 나간다. 복지 국가의 사회 정책을 포기한 듯이 보인다. 그리하여 노동권·사회보장권 등 기왕 획득한 사회적 권리마저 빼앗기는 노동자의 삶은 더욱 열악해진다. 그런데 대부분의 지식인과 정치인들은 이런 현실적 비극에 대해 침묵하고 있다. 좌파 지식인들은 우파 지식인과 정치인들의 연합에 효과적으로 대응하지 못한 책임이 있다. 오히려 그들마저 이런 새로운 비극적 상황을 합리화하는 새이론의 정치화 역할을 맡는 '신지식인'이 되길 강요받고 있는 실정이다.

3. 신자유주의의 보수 혁명

부르디외에 따르면 신자유주의는 지난 30년 이래 '이데올로기의 종언' 혹은 '역사의 종언'이란 이름하에 등장한 '보수사회론의 최고 형식'이다. 30년대 독일 혁명, 대처리즘, 레이거니즘 등은 이 새로운 '보수 혁명'의 특징들이다. 이 새로운 형식의 보수사회론은 진보·이성·과학(경제)을 표방하며 진짜 진보주의 사상을 고리타분한 것으로 따돌린다. 그리고 그 자신을 보편적 해방의 메시지로서 보이게 한다.

신자유주의 보수사회론은 우선 금융 시장의 지배를 인정하고 찬양한다. 이는 최대 이익만을 추구하는 급진적 자본주의에로의 회귀이다. 그것은 탄력성·유연성·규제 철폐 같은 현대적 경영의 키워드, 마케팅·상업 광고 등의 조종 기술 도입으로 경제적 효율의 극한을 추구하는 합리적 자본주의의 극단형식이다. 특히 신자유주의는 유연성 같은 모델 이름하에 야간 노동·주말 노동 등 불규칙적인 노동 시간, 그리고 불안정 취업과 해고 등을 보편화시킨다. 합리적 유연화 모델에서는 '해고'라는 말 대신에 '체중 감량(다운사이징)'이 사용된다. 수천 명의 노동자가 해고되어도 단지 '과감한 인사 계획'이나 '구조 조정'이란 말로 완곡하게 표현된다.

부르디외는 이러한 신자유주의가 자유를 표방하지만 실제로는 경제적 강제를 이성과 법률로써 치장한 것이라고 본다. 신자유주의 국가는 특권층을 위해 사회보장을 부담하고, 서민들에게 강압적 경찰 국가의 권위를 보여 준다. 신자유주의는 특히 국제 기구에 합법성을 부여하고, 초국가적 자본의 유통과 지배를 허락한다.

신자유주의의 기초인 합리적 행위론은 '서구적 오만의 표현'이다. 아무리 신자유주의를 해방과 자유의 상징처럼 합리화하고 완곡어법으로 이를 믿게 하여도, 그것은 이성과 자유를 내세우며 합법적 권력의 폭력성을 내재한 역설일 따름이다.

부르디외에 의하면 신자유주의 정당화 이론은 상당한 추상화에 기초한 하나의 '수학적 허구'일 뿐이다. 경제학자들은 이러한 신자유주의의 허구적 유토피아의 신앙을 생산하고 재생산하는 데에 결정적인 공헌을 한다. 그들은 수학적 이성으로 포장한 신자유주의 유토피아의 부정적 영향에 대해선 생각을 하지 않으려 한다. 그들의 이론은 그들의 존재 및 모든 지적 배경과 경제 사회의 현실 세계와 분리되어 순전히 추상적이고 교과서적이며 이론주의적이다. 부르디외에 따르면 그들은 다른 시대의 철학 분야처럼 특히 논리의 사상(事象)과 사상의 논리를 혼동하는 경향이 있고, 실제적으로 경험적 검증을 전혀 해보지 않은 모델을 신뢰하며, 다른 역사과학의 성과들을 낮춰보는 경향이 있다는 것이다.

또한 《맞불》의 저자는 신자유주의의 이데올로기가 일종의 '신다윈주의(neo-darwinisme)'에 의존하고 있다고 본다. 다윈주의는 합리적 계산을 하는 경제 행위자의 기본 사상이다. 그것은 하버드대학교의 노벨 경제학자 베커가 말하는 '가장 우세하고 영리한 것'은 능력 있는 자들이 일자리를 갖고, 직장이 없는 사람들은 능력이 없다는 것을 암시하는 '승자'와 '패자'의 논리라는 것이다. 세계화 이론의 관점 이면에는 이런 경제 능력과 지배의 철학이 존재한다. 만인의 만인에 대한 투쟁 등 야만의 다위니즘적 질서를 위해, 국가의 최고 정치 지도자들도 대우·도요타 등 다국적 경영주와 빌 게이츠 앞에서는 허리를 굽힌다.

저자에 의하면 신자유주의 이론은 사회 현상 유지에 기여하는 세력 관계의 힘을 갖고 있는 하나의 '강한 담론'으로서, 과학적 인식의 프로그램으로 치장하고 정치 행동 프로그램으로 변환되어 막강한 '정치적 작업'을 수행한다. 즉 순수 시장의 논리를 지향하는 신자유주의 유토피아는 금융 규제 폐지 정책, 국제 기구 등의 창설을 통한 정치적 정책으로 그 실현을 꾀한다. 경제 강대국들은 개발도상국의 저항을 분쇄하고 고립시키기 위해 소위 '그린룸'(폐쇄적 비밀 협상) 수법을 사용하며 공동으로 정책을 결정한다. IMF · OECD · MAI 등 이러한 국제 기구들이 강요하는 철저한 정책들은 노동력 비용 감소, 공공 지출의 축소, 노동의 유연화 등이다. 국가의 재량을 축소하고, 임금과 경력의 개인화로서 노동자를 원자화시키고 노동 단체를 무력화시킨다. 그리하여 주주 · 투기자 · 기업가 · 보수적 정치가 등 보수 정치 · 경제 세력을 한데 묶는다.

신자유주의 유토피아는 금융가와 대기업 경영자들뿐만 아니라 고급 관료와 정치인들에게 '자유 무역 신앙'을 불어넣어 준다. 이들은 경제적 효율성의 이름하에 시장 권력을 신성화한다. 그리고 합리성 모델에 의거하여 개인적 이윤의 최대화를 추구하는 자본 소유자를 방해할 수 있는 행정적 · 정치적 장벽의 철폐를 요구한다. 그리고 이들이 원하는 것은 독립적인 중앙은행이다. 이들은 모든 시장에 대한 모든 규제의 철폐와 함께 경제를 통제하기 위하여 경제 자유의 요구에 국민 국가의 복종을 설파한다. 노동 시장 규제 철폐로 시작해서 재정 적자와 인플레이션의 금지, 전체 공공 부문의 민영화, 공공 사회 지출의 삭감을 요구한다.

4. 신자유주의의 재앙과 신화

불행하게도 신자유주의의 신화는 인류에게 큰 재앙을 주고 있다. 신자유주의의 세계화는 그 유명한 '유연성'의 도입으로 인해 많은 국가에서 실업과 '불안정 취업'을 증가시켰다. 노동자들은 해고 위협과 실업의 공포 아래 산다. 해고는 노동자들의 단결과 세력화를 억압한다. 부르디외는 해고가 '동원과 투쟁을 불가능하게 하는 압살적 검열'이라고 말한다. 그에 따르면 '실업이 사람들을 고립하고 원자화하며 개인화하고, 비동원적이고 탈연대적'으로 만든다. 사실상 해고 위협, 실업 공포는 '구조적 폭력'이다. '계약 이론'으로서 교묘히 합리화된 이 구조적 폭력은 또한 노동 계약에 영향력을 준다. 불안정 취업, 감원의 해고 공포는 노동자들의 의욕 상실, 순응주의를 야기한다. 한편 고용주들의 권한은 대폭 강화되고, 노동자간 경쟁은 더욱 심화되었다. 노동자들은 해고의 협박에 어떠한 희생이라도 감수해야 하고, 그들간에 야만적인 경쟁을 치러야 한다. 이 만인의 만인에 대한 투쟁의 원리는 인간성의 가치와 모든 인간 연대를 파괴하고, 때로 폭력을 야기한다.

신자유주의 세계화로 인해, 거의 모든 나라에서 임시고용 노동자들의 비율이 증가하고 있다. 부르디외의 자료에 의하면 프랑스에서 신자유주의의 영향은 이미 1970년대부터 나타났는데, 근래 프랑스의 경우 새로 고용된 4분의 3의 노동자들이 임시직이며, 이 가운데 4분의 1만이 정규직으로 고용되었다. 물론 신규 고용자들은 비교적 젊은층이다. 이같은 불안정 취업이 본질적으로 프랑스 젊은이들을 강타한다. 부르디외는 이런 비극을 《세계의 비참》이란 책에서 보여 준 바 있다. 취업 불안정성과 유연성으로 노동자들의 지속적 고용·건강보험·퇴직연금 보장 등은 점차 축소되어 가고, 노동자의 삶은 비참해져 가고 있는 것이다.

부르디외에 의하면 "불안정 취업은 해고의 협박에 기초한 지배와 착취의 새로운 전략을 가능케 한다." 그는 '불안정 취업'을 새로운 유형의 '지배 양식'으로 본다. 이 제도는 노동자들을 복종하도록 강제하고, 착취를 받아들이게끔 한다. 이는 본질적으로 야만적 자본주의와 가깝고, '탄력적 착취'로서 '성공한 착취'로 인도한다.

부르디외는 다음과 같이 계속 설명한다. 불안정 취업은 모든 공공·민간 기업의 물질 및 문화 생산의 전 과정에서 이뤄진다. 그리고 전 지구적 규모에서 생산 단위·기술 지식·자본·통신 등이 연결되어 한 국가나 장소에 국한되지 않는 '기업의 탈속지화'가 가속화된다. 자본의 이동성을 용이하게 조직하면서 노동 비용이 적은 최저임금 국가로 향한 기업의 이전은 노동자간 경쟁을 세계적 차원으로 확대하는 과정이다. 노조가 가장 잘 조직화된 국가들의 노동자들과 노조가 덜 발달된 국가들의 노동자들 간에 경쟁을 일으킨다. 그리고 경영주는 이러한 경쟁 체제를 통하여 노동자들의 저항을 막고 그들에게서 복종을 얻는다. 그리하여 해외 시장은 다국적 기업에 의해 점유되고, 다국적 기업은 동포와 외국인들까지 경쟁 상대로 만든다. 이 과정에서 외국인들은 비참한 임금을 받고 사실상 불안정 취업의 첫번째 희생자들이 된다.

부르디외에 따르면 불안정 취업은 '세계화'와 동일시되는 '경제적 숙명성'의 산물이 아니라 '정치적 의지'의 산물이다. 이 전략은 경제적 이유만큼 정치적 이유에서 발상된 것이라고 이해할 수 있다. '유연한' 기업은 이것이 강화하는 불안전한 상황을 고의적이고 체계적으로 이용한다.

저자에 의하면 계약직 고용, 대리 고용, 인원 감축 등 반복되는 정책과 함께 유연성의 지배가 성립한다. 구체적으로 기업 안에 자율 부문간, 팀간, 그리고 임금 관계의 '개인화'를 통한 개인간의 경쟁이 도입된다. 즉 개인별 목표 설정, 개인 평가 면담, 임금의 개인별 상승, 개인별 능력과 실적에 따른 승진, 개인화된 경력, 일부 간부의 자기 착취 경향의 '책임 분담화' 전략이 그것이다. 기업 간부도 엄격한 회사 위계질서에 따라 단순 임금자로 전락하여 동시에 '자영업자' 식으로 제품 · 판매 · 지점 · 점포 등을 책임진다. 간부의 고용을 넘어 '참여 경영'의 기술에 따라 임금자의 '함축'된 의미로 확대되는 '자기 관리'

가 요구된다. 합리적 예속화의 기술은 책임자 위치에서뿐만 아니라 노동에 과잉 투자를 강요한다. 근로자는 위계에 의해 교묘히 인정되는 '무능함'으로 더욱 불안정의 느낌을 갖게 된다. 한마디로 신자유주의자들이 바라는 인간 개념은 '무능한 인간, 순응주의적 인간, 마음대로 조작할 수 있는 인간'이다. 이 모든 것들은 노동자의 집단적 지표와 연대를 약화시키고 폐지하려는 데에 목적이 있다.

부르디외에 따르면 신자유주의는 경제의 효율만 따지고 사회 비용을 감안하지 않는다. 예를 들어 해고와 임시고용 등 금융 시장에 가해지는 구조적 폭력은 다소 장기간에 걸쳐 자살·비행·범죄·마약 복용·알코올 중독, 크고 작은 일상적 폭력들로 그 대가를 치른다는 사실을 무시한다.

이처럼 신자유주의의 악영향과 병폐는 지대하다. 그러나 신자유주의 지지자들은 해방의 메시지와 함께 세계화의 복음 신화를 만들고 전파한다. 신자유주의는 자유·해방·규제 완화 등의 관념을 둘러싼 완곡어법과, '개혁' '경쟁력' '생산성' '유연화' 등의 상투적 언어 유희를 통해 하나의 거대한 세계화 신화로 탄생하였다.

부르디외에 의하면 "세계화는 다국적 기업의 이윤 추구나 강대국의 전통을 합리화하기 위한 정책이 사용하는 정당화의 가면과 같은 것"이다. 그리하여 세계화는 경제·정치적으로 지배 위치에 있는 강대국에 유리한 경제·문화 모델을 개별 국가로 하여금 어쩔 수 없이 받아들여야 하는 숙명으로 받아들이게 만든다.

저자는 이러한 세계화의 숙명론적 신화가 통속적 경제학자와 피상적인 경제학 지식을 가진 정치인, 언론인, 일반 시민의 입에서 만들어진다고 보고 있다. 이들은 그들의 귀와 입에 익숙해진 부정확한 신자유주의의 어법을 의식적 또는 무의식적으로 주문처럼 반복해서 사용한다. 즉 '구조 조정' '규제 철폐' '경쟁력' '노동 비용 절감' '복지 분야 지출 감소' 따위의 용어들이다.

신자유주의의 통속성·폭력성·상징 조작은 언론인·기업인·지식인들의 공모와 협력하에 자연스럽고 당연스런 것처럼 보인다. 부르디외는 신자유주의가 본질적으로 가장 보수적인 사상의 케케묵은 고전 이론들을 합리적으로 포장한 것으로 본다. 예를 들어 대처리즘은 대처로부터 탄생된 것이 아니라, 신문 칼럼을 쓰는 지식인들에 의해 오랫동안 준비된 것이라는 말이다. 신자유주의 상징의 주입 작업은 언론과 지식인이 한 방울씩 미량 단위로 사용하는 점적제(點滴劑)식이나 그 효과는 매우 크다.

이처럼 세계화와 신자유주의의 신화는 하나의 상징적 폭력의 형태로 우리의 일상에 침투해 있다. 즉 그 폭력은 텔레비전·라디오·신문 등을 통해 통속화된 이미지와 함께 유형화되고 상투적이 된 말투이다. 특히 미디어는 이런 개념과 용어를 자주 사용함으로 인해 세계화 담론을 반복하여 전파시킴으로써 세계화의 신화 작업에 기여한다. 미디어는 세계화와 신자유주의에 반대하는 사회 운동들을 의도적으로 축소하거나 무시한다. 그리하여 신자유주의 보수적 세계관은 매스미디어를 통하여 광범위하게 유통되고 사람들의 뇌리에 깊숙이 박히게 된다. 이와 같이 미디어는 지식인들의 '수동적 공모'와 함께 신자유주의와 세계화를 이 시대가 피할 수 없는 하나의 '숙명론'적 신화로 만드는 데에 기여한다. 부르디외는 신자유주의 사상을 집중적이고 효과적으로 전파시키는 텔레비전·라디오의 지배와 싸워야 한다고 강조한다. 그는 오늘날 특별히 텔레비전과 신문에 대항한 특별한 투쟁의 계획을 갖지 않고는 사회 투쟁을 이끌어 갈 수 없다며 언론 대응 방식의 중요성을 강조한다. 그리하여 그는 이러한 미디어 메커니즘을 분석하고, 이에 대항하여 새로운 대안 방식을 모색할 것을 제안한다.

5. 저항을 위한 국제적 연대

부르디외는 숙명론적으로 받아들이고 있는 이 신자유주의 사상과 단절하여야 한다고 주장한다. 신자유주의는 계산적·이기주의적 관점에서 생산성과 수지성만을 생각하는 편협한 경제주의적 문화를 퍼뜨리기 때문이다. 저자는 신자유주의 경제학을 인간의 창의력과 의지에 기초하고, 고통 분담을 계산하며, 자기 실현의 의미를 주는 '행복의 경제학'으로 대체하여야 한다고 주장한다.

저자에 의하면 세계화는 인간적 가치를 파괴하고 지역 공동체를 붕괴시키고 있다. 그러므로 세계화의 신자유주의 정책에 대항하는 정치 투쟁이 불가피하다. 노동 착취의 희생자들과 현재적·잠재적 불안정 취업자들이 공동으로 투쟁해야 하는 것이다. 노동자들은 인격 파괴, 자존심의 타락 및 소외에 저항하고, 그들의 존엄성을 지켜야 한다.

부르디외는 집단적인 저항을 강조한다. 여기에는 지식인들의 이론적·실천적 참여도 필요하다. 지식인들은 우선 신자유주의의 보수주의적 사상의 합리화 이데올로기에 반론을 하고 증명하는 과학적 작업으로 대항해야 한다. 지식인의 임무는 '지구촌' '세계화' 등의 말을 퍼뜨리며 신자유주의 숙명론과 이에 대한 복종을 주입하는 경제·철학·정치·언론에 대해 '저항의 무기'를 갖추도록 비전문가들을 돕는 것이다.

부르디외에 따르면 현 상황에서 지식인·노조·시민 단체들의 비판적 투쟁은 우선적으로 국가의 소멸에 대항하는 데에 모아져야 한다. 세계화는 소수의 지배적 국가들이 다른 개별 국가들의 금융 전체를 지배하는 것과 그 확장을 의미한다. 그로 인해 국제 노동 분업이 부분적으로 재편성되고, 값싼 인력 시장을 갖고 있는 국가들로 자본과 기업이 이전하면서 그 결과를 노동자들이 부담하게 되는 것이다. 국제 자본 시장은 개별 국가 자본의 자율성을 축소시킨다. 개별 국가들의 환율 · 금리 조작은 금지되고, 소수 국가의 집중된 권력이 이를 지배 통제한다.

저자에 의하면 이처럼 개별 국민 국가들은 밖으로는 금융 자본의 힘에 의해, 그리고 안으로는 이 금융 자본의 힘과 함께 공모하는 사람들, 즉 금융인들과 고급 관료들에 의해 약해지고 있다. 사실상 오늘날 국가의 영향력은 감옥만 제외하고 학교 · 병원 · 주택 · 복지 시설 등 모든 공공 영역에서 쇠퇴하고 있다. 하층민과 이민자 등 경제적 · 사회적 약자의 삶은 피폐화되어 가고, 그들의 수감률만 올라갔다. 국가 내에서도 빈부차가 더욱 심해졌고, 선진국과 후진국의 격차가 점점 더 벌어져 가고 있다. 부르디외는 사회 투쟁이 특히 사회복지적 측면에서 국가를 옹호하는 데에 모아져야 한다고 생각한다. 이 국가 옹호는 민족주의에 의해 영향을 받은 것이 아니고, 그와는 다른 얘기이다. 다만 개별 국민 국가가 이행하는 '보편적' 기능들을 옹호하는 것이다.

저자에 따르면 초국가적 사회복지 국가를 촉진할 수 있는 국제주의 연대를 위한 참여도 우선은 개별 국민 국가들을 통해 이뤄질 수 있는 것이다. 다양한 국민 국가들은 제각기 발전된 사회 · 역사적 기득권들을 축적하였다. 즉 노동법 · 사회보장 · 사회부조 등의 제도들인데, 신자유주의는 이런 제도들을 구시대의 고리타분한 유산으로 무시한다. 그리하여 시민들의 저항의 '특권'을 구태적·퇴행적 방어로서 단죄하는 경향이 있다. 신자유주의에 대항하여 국민 국가의 사회적 업적을 옹호하는 시민들의 저항을 오히려 신자유주의 새로운 질서의 정립에 '저항'하는 '보수' 세력으로 몰고 있다. 노조·지식인·일반 시민들이 국민 국가가 이룩한 사회적 기득권 보호를 위해 새로운 국제주의의 연대를 결성하는 것을 보수 세력의 결집으로 간주하는 것이다. 이는 진보와 보수의 의미마저 모호하게 만드는 신자유주의의 정치적 음모라고 할 수 있을 것이다.

한편 국제 연대는 건전한 국민 국가와 유럽 사회 국가를 만들기 위해서 보다 뚜렷한 방향에서 구체적인 투쟁의 목표를 정해야 한다. 부르디외는 여러 정책을 제시한다. 즉 먼저 노동자와 실업자의 최저임금을 보장하고, 노동 과세를 경감하며, 근로자 연수를 강화하고, 취업과 주거 권리를 보장하는 일이다. 단일 국가와 전체 유럽 국가의 이익에 일치하는 '공동 투자 정책'의 개념을 적용하여 광범위한 유럽 사회복지제도를 확산시키고 보편화시키기 위해 대외 정책 개발이 필요하다. 즉 부존 자원과 환경을 보호하고, 교통과 에너지의 생태학적 유럽망을 개발하며, 공공 주택을 증설하고, 도시 재개발을 하는 정책을 채택하는 일이다. 국민 건강과 환경 보호를 위한 연구 개발 투자, 그리고 새로운 금융 형식을 취하여 새로운 활동(소기업, 개인사업)에 대한 재정 지원을 하는 일도 필요하다. 그리고 보육원·학교·병원은 증설하되, 군대·경찰·교도소는 감축하는 정책을 실시하여야 한다는 것이다.

부르디외는 새로운 국제 연대 운동을 강조하였다. 그는 독일의 노벨상 수상 작가 귄터 그라스와 함께 유럽사회운동연합회의 창설을 제안하였다. 실제로 오늘날 세계 각처에서 다양하고 새로운 형태의 지성적·조직적 저항이 일어나고 있다. 그 운동 조직 방식은 낡은 마르크스–레닌주의적 중앙집권주의와는 달리 시민 자발적인 조직 형태로서 유럽·남미·아시아 등에서 이뤄지고 있다. 저자는 신자유주의와 새로운 보수 혁명에 대항하는 국제 연대적 사회 투쟁에서 프랑스의 사회 운동은 전위대의 역할로서 중요한 위치를 차지한다고 본다. 그리고 각종 규제 철폐와 구조 조정이 진행중인 한국의 경우, 이에 저항하는 한국의 사회 운동도 상징적·실천적 의미에서 중요하다고 언급하고 있다.

부르디외가 주장하는 국제 연대적 사회 투쟁은 이론과 실천을 통합한 모델이다. 그리고 그것은 꿈이 아니라 현실화될 수 있다고 그는 믿는다. 저자는 국경을 뛰어넘는 세계적 동원으로서 반세계화 국제 연대망의 '사회적 기적'을 기대하고 있다.

6. 부르디외 회상과 에필로그

부르디외는 2000년 '서울국제문학포럼'에 참가차 한국을 방문한 적이 있다. 역자는 프랑스 유학 시절 그를 스승으로 모신 적이 있어서 그의 한국 방문을 적극 권유했다. 포럼 참가 권유를 위해 파리에 가서 직접 그를 만났고, 그의 한국 체류 동안 하루도 빠짐없이 그를 수행하며 그의 일정을 도왔다. 그가 한국 회의에 참석한 목적은 문학을 포함한 문화에서도 상업 이윤이 지배하도록 만든 세계화와 신자유주의에 대한 반대를 세계의 예술가·작가·학자들에게 호소하기 위한 것이었다. 그는 회의 참가자들 가운데 단연 언론의 주목을 가장 많이 받았다.

역자는 1주일 동안 잠자리만 제외하고 그와 밀착 동행하면서 많은 애기를 나눌 수 있었고, 특히 세계화 반대에 대한 그의 남다른 신념과 행동을 엿볼 수 있었다. 그는 공식적인 행사와 언론 인터뷰 이외에 대학생과 사회단체들과의 비공식적 접촉을 원했다. 그리하여 역자는 서울대 교수회의실에서의 강연과 노동단체와의 만남을 갑작스럽게 주선하기도 했다. 그리고 그는 당시 노벨평화상을 받아 고무된 대통령의 청와대 초청을 거부했으나 대회 관계자들의 부탁으로 마지못해 참석했다. 노벨상 수상은 축하해 줄 일이지만 대통령의 신자유주의 정책에는 반대했기 때문이다.

그는 건강이 안 좋다고 자주 말했다. 광화문 거리나 경주 엑스포 전시장을 걸을 때 심장에 손을 대곤 하면서 가쁜 숨을 몰아쉬기도 했다. 김포 공항에서 그를 배웅할 때가 마지막 모습일 것이라곤 생각지 못했다. 한국 방문 1년여 만에 그의 타계 소식을 들었다. 행여 한국 방문이 그의 건강에 영향을 준 것은 아닌지 크게 자책감도 들었다. 그가 건강상 이유로 한국 방문을 한사코 사양했었기 때문이다.

역자는 여러 가지 면에서 고인에게 누를 끼친 것 같다. 역자의 게으름 탓으로 《맞불》이 뒤늦게야 출간되게 되었다. 저자에게 항상 번역중이라고만 말했던 기억이 난다. 그의 한국 방문에 앞서 생전에 번역되었으면 얼마나 좋았을까. 이 얄팍한 책의 번역을 왜 이리 질질 끌게 되었는지 저자와 출판사에 죄송할 따름이다. 개인적으로 그나마 안식년을 맞아 미국에 와서 번역을 끝마치게 된 것을 천만다행으로 생각한다.

이 번역본에는 원저에 있는 2개의 글이 생략되었다. 둘 다 저자의 《텔레비전에 대하여》란 책에 관련된 것인데, 하나는 영역본 서문이고, 다른 하나는 브라질어 번역본 출간 직후 가진 현지 신문사와의 인터뷰이다. 이것들은 이 책의 전체적인 주제와는 좀 벗어나서 산만한 느낌을 주기 때문에 생략했다. 이 글들은 나중에 역시 역자가 번역한 《텔레비전에 대하여》 개정판에 포함시키려고 한다. 이 점에 대해 독자의 양해를 구한다.

그 대신 역자는 그 공백의 자리를 이 책의 주제와 관련성이 있는 하나의 대담으로 책의 말미에 보충해 보았다. 그것은 역자가 프랑스에 갔을 때 동아일보사의 요청으로 저자와 대담을 갖게 된 내용이다. 그리고 이 역자 서문이 길어진 이유도 그 생략에 대한 보상 심리 때문이 아닌가 생각한다.

난해하고 길게 쓰는 스타일로 유명한 저자의 글을 번역하는 것은 힘든 작업이다. 그런데다가 이론 서적에만 익숙한 역자가 갖가지 강연체·대담체의 글을 대하는 것 자체가 당혹스러웠다. 어려울 때마다 출판사에서 건네준 일본어 번역본을 참조하였다. 역자는 원래 일본어를 읽을 줄 모르나 한자만 보아도 도움이 되었다. 되도록 오역을 줄여 보려고 한 것인데 그 결과가 어떨지 모르겠다. 아무튼 그것은 역자가 책임질 일이다. 독자의 질책과 정정을 바란다. 이상으로 길고 긴 역자 서문을 마친다.

2004년 2월, 로스앤젤레스에서 현택수

독자들에게

이 책은 나의 최근 미발표 글들을 모은 것이다. 내가 출판을 결심할 수 있었던 것은, 신자유주의 위험이 이제 더 이상 국지적이지도 간헐적이지도 않다는 느낌이 있었기 때문이다. 이 영향을 저지하려고 맞불이 지펴졌다. 이 글들은 체계적으로 통제된 글보다 다양한 상황에 따른 불일치를 보여 주지만, 신자유주의 재앙에 저항하려고 노력하는 모든 이들에게 유용한 무기를 제공할 수 있을 것이다.[1]

나는 예언자적인 발언을 할 의향은 전혀 없다. 그리고 상황이나 연대감에 이끌려 내 능력의 한계를 벗어나는 경우를 항상 주의하고 있다. 따라서 만약 내가 매번 아마 환영, 그리고 때때로 의무감 같은 것과 가까운 정당한 분노에 의해 사로잡히는

---

1) 다양한 상황과 연결된 어조와 스타일의 단절을 증가시키는 위험을 무릅쓰고, 나는 역사적 맥락을 보다 잘 감지하기 위하여 글들을 연대기적 순서로 정리하였다. 그리고 독자들이 여기에 전개된 논지를 더 알아보도록 곳곳에 최소한의 참고 문헌을 덧붙였다.

느낌만 갖지 않았더라면, 나는 공적인 장소에서의 발언을 하지 않았을 것이다.

내가 여러 특별한 경우에 다른 사람들과 만날 때마다 견지하려고 노력하는 집단적 지식인의 이상은 항상 실현시키기가 쉽지 않다.[2] 나는 효과를 내기 위하여 개인적으로 내 이름을 걸고 참여해야 했었다. 사람들을 동원하지도 않았고, 혹은 미디어계에서 주기적으로 일어나는 대상도 주제도 없는 토론들 가운데 하나에도 항상 희망을 갖고 참여하였다. 적어도 지배 담론의 상징적 힘의 본질을 만드는 만장일치의 형식과 단절하였다.

---

2) 나의 모든 공동 발언들, 특히 고등 교육의 학술연구협회(ARESER), 알제리 지식인 지원 국제위원회(CISIA), 국제작가의회(이곳은 그만두었음) 같은 데에서, 나는 나의 가시적 공동 저자(장 피에르 알로)와 익명의 공동 집필자들(크리스토프 다두슈·마크 앙투안 레비·다니엘 로샤크)의 동의를 얻어, 단지 《리베라시옹》 신문에 '시금석 같은 외국인의 운명' 의 제목으로 난 기사만을 얻을 수 있었다. 그들은 신문사에서 소위 자유롭다는 편집 기자들에 의해 자발적으로 혹은 매우 빈번하게 그들의 글이 검열당한 희생자들이었다. 이 기자들은 항상 그 어떤 고유한 이름에 부여된 상징적 자본을 추구하기 때문에, 1명 혹은 여러 명이 함께 서명한 서류를 좋아하지 않는다. 이 점이 집단적 지식인의 구성을 방해하는 한 요인이다. 그들은 협상 후에 혹은 이 경우처럼 아무 협의 없이, 서명인들 가운데 잘 알려지지 않은 이름들을 지워 버리기에 이른다.

국가의 왼손과 오른손[3]

■ 당신이 편집하는 잡지 《사회과학연구》의 최근호는 '고통'이란 주제를 다루고 있다.[4] 거기에는 미디어가 발언 기회를 주지 않는 사람들의 대담들이 있다. 그들은 혜택받지 못한 근교의 젊은이들, 농부, 노동자들이다. 예를 들어 위기에 처한 한 중학교 교장은 개인적으로 안타까운 심정을 토로했다. 지식의 전달에 주력하는 학교 본연의 역할과는 달리, 교장은 일종의 경찰서의 경찰관이 되어 버렸다는 것이다. 당신은 이같은 개인적이고 일화적인 증언들이 집단적 위기를 이해할 수 있게 한다고 생각하는가?

우리가 수행한 사회적 고통에 대해 조사 과정에서 만난 한 중학교 교장선생님처럼, 우리는 이 사회의 모순을 겪고 개인적인 비극 속에 살아가는 사람들을 많이 만났다. 나는 역시 이

---

3) 1992년 1월 14일자 《르 몽드》지에 실린 저자와 R. P. 드로아, T. 페렌치와의 대담.

4) 〈고통〉, 《사회과학연구》, 1991년 12월, 90, 104쪽. 그리고 P. 부르디외와 그외, 《세계의 비참》, 파리, 쇠이유 출판사, 1993년.

조사 연구의 책임자를 인용할 수 있는데, 그는 프랑스 북부 소
도시의 '위기의 근교'에서 모든 조사를 할 수 있도록 임무를 부
여받았다. 그는 사회복지사, 지도원, 말단 행정관 그리고 점차
초중고교 교사까지 포함하여 현재 '사회노동자'라고 불리는
이들이 주장하는 가장 극단적인 모순의 형식에 직면하였다. 이
들은 내가 국가의 왼손이라고 부르는 것을 구성하는데, 이들은
국가 한가운데에서 과거 사회 투쟁의 흔적인 소위 국가 내부의
하급 공무원들이다. 이들은 국가의 오른손이라고 불리는 재정
부, 국영 은행 또는 민영 은행, 각료에 있는 국립행정학교 출
신의 고급 관료들과 대립하고 있다. 우리가 참여하는 (또 참여
할) 많은 사회 운동들은 국가 대귀족에 대항하는 국가 소귀족
의 반란을 표현하고 있다.

■ 이같은 절망과 반란 형식의 고조된 상황을 어떻게 설명하
려는가?

나는 국가의 왼손이 그가 하는 일을 국가의 오른손이 알지 못
하거나, 혹은 더 나쁘게도 정말 더 이상 알기 원하지 않는다고
생각한다. 어쨌든 왼손은 그 대가를 치르길 원하지 않는다. 그
모든 사람들의 절망의 주요 이유 중 하나는 국가가 물러났거나
손을 떼면서 공영 주택, 공영 라디오 · 텔레비전, 공립 학교, 공
립 병원 등 사회 복지의 상당한 영역들이 그들의 책임으로 돌
아오고, 그들이 이것들을 떠맡게 된다는 사실에 있다. 더욱 놀

랍고 우스꽝스러운 것은, 그 가운데에 어떤 것들은 적어도 국가가 차별 없이 모두에게 열려 있고 제공되는 공공 서비스를 보장하도록 우리가 기대하는 사회주의 국가의 일이라는 것이다. 우리가 정치의 위기, 반의회주의라고 부르는 것은 사실상 공공 이익의 책임자로서의 국가에 대한 절망의 표현인 것이다.

사회주의자들이 그들의 주장만큼 사회주의적이지 않다는 사실에 아무도 혼란스러워하지 않는다. 살기 힘든 시대에 행동의 여지는 많지 않았다. 그러나 놀라운 것은 이 점에 대해 사회주의자들이 공공적인 것을 줄이는 데에 기여했었다는 사실이다. 여러 가지 사실들 가운데 먼저 **복지 국가**의 역할들을 청산하는 모든 조치나 정책, 그리고 특히 개인의 사적 이익을 위한 사기업을 예찬하는 공적 담론들을(마치 기업가 정신은 기업과 다른 영역일 뿐이라고 하는 것처럼) 예로 들 수 있다. 특히 소위 '사회 정책적' 기능을 수행하러 최전방에 나가서, 임무 수행의 수단을 제공받지 않고 시장 논리의 가장 인내하기 힘든 결함을 보충하는 사람들에게 이 모든 것은 놀라운 사실들이다. 어떻게 그들이 항상 속았거나 인정받지 못했다는 느낌을 갖지 않겠는가?

비록 받는 임금이 노동과 그 노동자의 가치의 확실한 지표임에도 불구하고, 그들의 반항은 임금 문제를 넘어 확장되고 있다는 것을 오래전부터 이해했어야 한다. 그들의 기능에 대한 경멸은 우선적으로 점점 더 열악해지는 그들의 보수 때문인 것이다.

■ 정치 지도자들의 행동 범위가 그렇게 좁다고 생각하는가?

우리가 생각하는 것보다 확실히 덜 축소되었다. 아무튼 통치자들이 모든 행동의 자유를 가지고 있는 분야로 남아 있는 것이 바로 상징적인 분야이다. 특히 가장 박탈당한 사람들의 이익에 헌신하는 전통을 선언했을 때, 행동의 모범은 모든 정부 인사들에게 강제되어야 할 것이다. 그런데 부패(가끔 거의 공식적으로 일부 고위 공무원의 특별수당으로 인정됨) 또는 공공 서비스의 배반(이 말은 너무 강함. 공직을 떠나 사기업으로 가면서 편하게 얻은 지위를 말함)뿐만 아니라 족벌주의, 정실주의(우리 지도자들은 '개인적 친구들'을 많이 갖고 있다), 인기주의의 사적인 목적으로 재산·특전·공공 서비스 등 모든 형태의 유용을 볼 때 어떻게 이들을 의심하지 않겠는가?

나는 상징적인 이득을 말하고 있는 것이 아니다. 텔레비전은 뇌물만큼 시민 덕목의 타락에 확실히 기여했다. 그것은 정치와 지성에서 자신의 모습을 부각시키고 가치 있게 하는 데에만 신경을 쓰는 '나 봤어?'라는 현상을 불러일으키고 심화시켰다. 이것은 공무원이나 군인이 집단적 이익을 위해 묵묵히 헌신하는 가치와는 전적으로 배치되는 것이다. 그것은 '홍보 효과'로 매우 보편적인 행태가 되었는데, (흔히 경쟁자를 희생시켜서) 자신을 가치 있게 보이게 하는 것과 같은 이기주의적인 생각이다. 많은 장관들에게 하나의 조치는 아마도 공표될 수 있을 때에만 효력이 있는 것이고, 공중에게 알려지는 순간부터 현실화된다. 간단히 말해서 큰 부패 사건이 폭로될 때 떠들썩한 것은, 공언된 덕목과 실제 행동 간의 간극이 모든 보통의 작은 '약점들,' 지나친 사치, 물질적 혹은 상징적 특권의 민첩한 수락의 한계일 뿐임을 드러내기 때문인 것이다.

■ 당신이 발견한 이런 상황에 직면하여, 당신이 보기에 시민의 반응은 어떠한가?

나는 최근에 독일 작가가 쓴 고대 이집트에 관한 글을 하나 읽었다. 국가와 공공재의 신뢰에 대한 위기의 시대에, 어떻게 두 가지가 융성하게 되는지를 보여 준다. 지도자층에게는 공공재에 대한 존중의 쇠퇴와 관련된 부패가, 그리고 피지배층에게는 일시적 구조에 대한 절망감과 연관된 극단적인 개인적 종교심이 높았다. 마찬가지로 오늘날 사람들은 시민이 국가의 밖에 내버려졌다는 느낌을 가지면서(사실상 국가는 시민에게 의무적인 물질적 기여 이외에 아무것도 요구하지 않으며, 특히 헌신이나 열광을 요구하지도 않는다), 국가를 그들의 이익에 알맞게 이용할 수 있는 하나의 이상한 힘으로서 취급하면서 국가를 내버린다고 느낀다.

■ 당신은 상징적 영역에서 통치자들의 큰 행동의 범위에 대해 말하고 있다. 이것은 단지 예로 든 행위뿐만 아닐 것이다. 이것은 역시 호소력 있는 언어와 사고에 관한 문제이다. 이 점에 대해

현재의 어려움은 어디에서 비롯되는 것인가?

우리는 지식인들의 침묵에 대해 많이 말했다. 내가 놀란 것은 정치인들의 침묵이다. 그들은 매우 호소력이 부족한 사고를 갖고 있다. 틀림없이 정치의 전문 직업화와 당에서 경력을 쌓으려는 사람들에게 필요한 조건들이 훌륭한 개성들을 점차 배제하기 때문이다. 또한 진지하게 보이거나 단지 무능한 사람이나 고리타분한 사람처럼 보이는 것을 피하기 위해, 노동자의 자주 관리보다 경영에 대해 말하는 편이 낫다는 것, 그리고 어쨌든 경제적 합리성을 추구하는 것처럼 겉으로(즉 말로) 보여야 한다는 것을 학교(정치학과)에서 배운 사람들이 정치계에 들어오면서 정치 행위의 정의가 변화했기 때문이다.

남북 관계에 큰 피해를 주는(또 앞으로도 피해를 줄) **IMF** 세계관의 편협하고 근시안적인 경제주의에 갇혀, 경제에 관해 반쪽만 능숙한 이 사람들은 분명히 단기와 특히 장기간에 걸친 물질적·도덕적 빈곤의 실제 비용을 빠뜨렸다. 그것은 경제적으로 정당화된 **실질 정치**의 유일한 결과로서, 비행·범죄·알코올 중독·교통 사고 등의 현상들이다. 여기에 덧붙여 재정 균형에 집착하는 오른손은 '예산 우선 경제'의 매우 값비싼 사회적 결과에 직면하여 왼손이 하는 바를 무시한다.

■ 국가의 정책과 대책의 기초가 되는 가치들은 더 이상 신뢰할 수 없는 것인가?

그 가치들을 무시하는 첫번째 사람들은 흔히 그것들을 지키는 사람들 자신이다. 렌 지역 의회와 사면법은 10년 동안의 반 사회주의 운동보다 사회주의자들의 신뢰를 실추시켰다. 그리고 '변절한' (이 말이 주는 모든 의미에서) 투사는 10명의 적보다 더 큰 피해를 주었다. 10년 동안의 사회주의자들의 집권은 국가에 대한 신뢰를 무너뜨렸고, 자유주의의 이름으로 70년대에 실행된 복지 국가를 파괴하였다. 나는 특별히 주택 정책을 생각한다. 그 공표된 정책은 프티 부르주아들을 집단 거주지(그리고 그로 인한 '집산주의')로부터 완전히 벗어나게 하여, 개인 소유의 단독 주택과 공동 소유의 아파트를 갖도록 하는 목표를 가졌다. 그 정책은 어떤 하나의 방향에서만 성공했을 뿐이다. 그것의 결말은 내가 방금 말한 특정 경제의 사회적 비용을 보여주었다. 왜냐하면 그것은 틀림없이 공간 차별의 주된 요인이고, 그것으로 인해 '근교 지역' 문제의 원인이 되는 것이기 때문이다.

■ 이상에 대한 정의를 내리자면, 그것은 국가와 국민 공통의 이익의 의미로 복귀한다는 것이다. 당신은 모든 사람들의 견해에 동의하지 않는가?

모든 사람들의 견해란 누구의 견해인가? 신문에 글을 쓰는 사람들은 '국가의 부족함' 을 예찬하는 지식인들로서 공중을 위해 공중과 공중의 이익을 매장시키는 사람들이다. 여기에 확실히 이론의 여지가 있는 주장들을 단번에 토론의 여지없이 만들어 버리는 신념 효과의 전형적인 예가 있다. 국가의 후퇴와, 더 넓게 경제적 가치에 종속되는 것에 유리한 환경을 만들어 준 '신지식인들'이 집단적 작업을 분석해야 할 것이다. 나는 '복지 국가'의 철학적 토대와 특히 (산업 재해, 질병 혹은 빈곤의) 집단적 책임의 개념, 그리고 사회복지적(그리고 사회학적) 사고의 근본적인 우세성을 파괴하려는 경향이 있는 일종의 자동적 실현의 예언인 소위 '개인주의 복귀'를 생각한다. 개인으로의 복귀, 그것은 개인을 그의 불행의 유일한 책임자로서 '희생자를 비난하고' 그에게 **스스로 도우라**고 설교하도록 허락하는 것이다. 이 모든 것은 기업의 부담을 줄이려고 끊임없이 반복된 필요성에 의한 것이다.

　문화 자본을 적게 가진 사람들을 흔들었던 상징적 혁명인 68혁명 위기를 야기시킨 회고적 공포의 반응은, '국립정치학교 사상'이 '마오 사상'을 대치함으로써(예기치 않은 소비에트 체제 붕괴의 도움으로) 문화적 복원에 유리한 조건을 만들었다. 오늘날 지식인 세계는 '신지식인'을 생산하고 강요를 목표로 하는 투쟁의 장소이다. 즉 지식인과 그 정치적 역할에 대한 새로운 정의, 철학과 철학자에 대한 새로운 정의가 나타난다. 신지식인들은 이후 전문성 없는 정치철학과, 선거 정세 분석의 정치학과, 방법론 없는 상업적 여론 조사를 경계하지 않고 논평으로 환원되는 사회과학에 대한 연이은 토론에 개입하고 있다. 플라톤은 모든 사람들을 위하여 훌륭한 말을 남겼다. '현명하다고 믿는 여론의 기술자'(단어의 삼중적 의미를 번역함)라는 뜻의 **억설가**(臆說家)는 사업가, 정치인, 정치적 언론인들(즉 정확히 여론 조사를 즐길 수 있는 사람들)의 정치적 문제를 제기한다.

■ 당신은 방금 플라톤에 대해 언급하였다. 사회학적 태도는 철학적인 것과 가까운가?

명증성, 특히 문제의 형식으로 나타나는 그것을 다른 사람들의 문제만큼 자신들의 문제처럼 문제삼는 데에 있어서, 사회학자는 철학자처럼 억설가와 대립한다. 억설가에게 상당히 충격을 주는 것은, 아리스토텔레스의 의미로 **공통의 장소**의 무의식적 수용을 암시하는 심한 정치적 복종을 거부하는 데 있어서 정치적 선입견을 보는 것이다. **공통의 장소**는 사람들이 개념이나 주제를 갖고 논쟁하지만 그것들**에 대해서는** 논쟁하지 않는 것이다.

■ 어떤 의미로는 사회학자를 진짜 문제가 어디에 있는지를 아는 유일한 자로서 철학의 왕의 자리에 놓으려고 하는 것 아닌가?

무엇보다도 내가 옹호하는 것은 우선적으로 억설가가 퍼뜨리는 지적 **억설**에 대해 비판적인 지식인의 가능성과 필요성이다. 진정한 비판적 반대 세력 없이 진정한 민주주의는 없다. 지식인은 그 중 하나이고 최상급이다. 그것은 바로 내가 마르크스·니체·사르트르·푸코 그리고 68사상의 이름으로 묶이는 사람들의 살아 있는 혹은 죽은 비판적 지식인의 몰락 작업이, 공공적인 것의 몰락과 세계 기업의 복원에 참여하는 것만큼 위험하다고 생각하는 이유이다. 나는 분명히 지식인들 모두가 그들에게 부과되는 커다란 역사적 책임성을 갖기를 바라고, 도덕적 권위뿐만 아니라 지적 능력에 있어서 행동에 참여하기를 바란다. 그같은 예를 들자면, 피에르 비달 나케가 그의 모든 역사적 방법론의 지식을 역사의 남용을 비판하는 데에 쏟은 것을 들 수 있다.[5] 카를 크라우스를 인용하자면, 그것은 '2개의 악 가운데, 차악을 선택하는 것도 거부하는' 자세이다. 나는 '무책임한' 지식인들에게 전혀 관대하지 않기 때문에 두 번의 정책 자문, 세 번의 신문사 파티, 몇 차례의 텔레비전 출연의 연중 분배에 몰두해 있는 팔방미인형 작가들, 이 '지식인들'을 덜 좋아할 것이다.

■ 특히 유럽 건설에 있어서 지식인들에게 어떤 역할을 기대하는가?

나는 작가·예술가·철학가·지식인들이 그들의 전문 영역

─────────────

5) P. 비달 나케, 《유대인, 기억과 현재》, 파리, 라 데쿠베르트 출판사, 1981년 제1권, 1991년 제2권.

의 공적 생활의 모든 부문에서 직접적인 상호 이해를 하길 바란
다. 나는 지적 활동의 논리, 즉 논증과 반박의 논리가 공적 삶
에 퍼지는 것이 모두에게 유익할 것이라고 믿는다. 오늘날 흔
히 지적 활동에 널리 퍼져 있는 것은 정치의 논리, 고발과 중
상의 논리, '슬로건화'의 논리, 상대방의 사고에 대한 왜곡의
논리이다. '창조자'들이 공공 서비스와 공공 안녕의 기능을 수
행하는 것은 좋은 일이다.

유럽의 차원으로 옮기자면, 지적인 활동에서조차 실현되기
힘든 세계 국가의 실현 단계를 표시하는 것이 최고의 보편화
단계에 오르는 것이다. 유럽중심주의가 낡은 제국주의 국가들
에 의해 상처입은 민족주의를 대치하는 것이라면 사실상 많은
것을 얻지 못할 것이다. 19세기의 대유토피아들이 부패되어 가
는 시점에서, 의식을 신비화하지 않고 의지를 동원화할 수 있
는 현실주의적 사고의 세계를 재건하는 집단적 노력의 조건을
만드는 것이 시급하다.

1991년 12월, 파리

있는 그대로의 모습, 솔레르[6]

있는 그대로 자신의 모습, 솔레르. 고도의 농축된 상징적 의미를 띤 '있는 그대로의 발라뒤르'라는 제목의 고백에는 진실이 밝혀지고 필연성이 이뤄질 때 느끼는 스피노자적인 야릇한 쾌감이 있다. 발라뒤르에 있어서《텔켈》지에 대한 모든 궤적, 즉 진정한 정치적 후위(後衛)와 유사한 문학적(그리고 정치적) 전위(前衛)가 진실이기엔 너무 아름답다.

정통가들은 심각한 것이 없다고 말할 것이다. 오래전부터 솔레르가 나폴레옹 3세 시대 이후 전례 없는 태도로 대통령 후보의 발 아래 굽힌 것은 문학이 아니고, 더욱이 전위도 아니라 문학과 전위의 모사이다. 그러나 이 눈가림은 그의 강연의 진정한 수강자들, 냉소적 추종자로서 아첨하는 모든 사람들을 속이기 위해 만들어진 것이다. 그들은 2점짜리 보고서와 대사 만

---

6) 이 글은 '발라뒤르'란 제목으로 1995년 1월 12일《렉스프레스》지에 실린 필립 솔레르의 글에 이어, 1995년 1월 27일《리베라시옹》지에 실렸던 글이다.

찬을 위한 국립정치학교 문화에 젖은, 발라뒤르 추종자와 그를 좋아하는 국립행정학교(ENA) 출신들이고, 《텔켈》지를 중심으로 어떤 시점에 재구성되어 그럴듯하게 보이는 모든 명사(名士)들이다. 이들은 작가 혹은 철학가 혹은 언어학자인 척하거나, 혹은 아무것도 아니거나, 이에 대해 전혀 모를 때 동시에 이 세 가지인 체한다. 이상한 역사 얘기 같은 발언이 아니라 문화의 분위기를 알 때, 위대한 작가의 제스처를 단지 **흉내내고** 문학계에 일순간 공포마저 가져오게 하는 것을 알 때 그들은 그렇게 한다. 이같이 그의 기만을 강제하기에 이르러, 예술 숭배에 거리낌 없이 파렴치한 위선자 타르튀프는 문화적 · 정치적으로 가장 약한 권력의 발 아래 들어가 우롱당하고 창피하게 짓밟힌다. 나는 이를 20세기 문학 소우주의 자율성을 위한 투쟁의 유산이라고 수사적으로 표현한다. 그리고 그는 준공식적인 신문과 잡지의 문학비평가로 자처하여 볼테르 · 프루스트 · 조이스처럼 흔히 영웅적인 모든 작가들과 매춘을 한다.

성애 분야의 자유분방함을 위축시키는, 위험 없는 위반의 문화는 하나의 순수 예술을 냉소주의로 이끈다. 포스트모던식의 **무엇이든 괜찮다**를 생활의 규칙으로 제도화하는 것은 동시에 계속적으로 양다리를 걸치는 것이다. '가질 것은 다 갖고 하나도 지불하지 않는다' 는 방식을 갖는 것이다. 그것은 스펙터클과 미디어 스타덤의 비판, 사드의 문화, 교황 요한 바오로 2세에 대한 존경, 혁명적 신념의 직업들, 철자법 옹호,

작가의 신성함과 문학의 대학살(나는 《여성 *Femmes*》을 생각한
다)이다.

자유의 화신처럼 나타나고 살아가는 사람들은 장(場)의 힘대
로 항상 줄밥처럼 여겨진다. 정치적으로 좀더 정확히 말해서 사
회주의였던 미테랑 정권 시대(1981-1995)의 모든 정치적 변화
에 의해 앞서고 인정받아, 솔레르가 문학에서, 좀더 구체적으
로 전위문학에서 했던 일로, 그는 시대의 모든 정치적 · 문학적
환상과 환멸에 책임을 졌다. **예외**처럼 생각되는 그의 삶의 궤
적은 정치적 · 문학적 **복고** 시대에 자질 없는 작가의 경력을 전
형으로서, 사실상 통계적인 양처럼 진부한 것이다. 그는 모든
야망 있는 작가 세대의 개인적 · 집단적 역사의 이상형적 화신
이다. 그는 은행 · 보험사 · 정치 · 언론이 기꺼이 관용을 베푼
권력의 위치에서 30년 이하 동안 마오쩌둥 혹은 트로츠키의 테
러를 겪은 사람들의 화신이다.

그는 그의 독창성으로 부인(否認)과 배신의 이론가가 되었는
데, 놀랄 만한 자기 정당화의 전복으로서 해방과 새로운 스타
일의 인정을 거부한 모든 사람들을 교조주의 · 회고주의, 더 나
아가 테러리즘으로 몰았다. 그의 수많은 공적 발언들은 일관성
이 많이 결여되어, 더 정확히 말해서 **이중적 변덕**으로 가득 차
있다. 그것은 예술적 반항의 부르주아 관점을 강화하기 위한 것
으로서 이중적 지름길, 이중적 혁명에 의해, 모리악와 아라공
이 서문에 쓴 것처럼 출발점으로 다시 이끌고, 젊은 지방 부르

주아를 조급하게 만들었다.

1995년 1월, 파리

주아를 조급하게 만들었다.

시볼레스 같은 외국인의 운명[7]

프랑스가 외국인들에게 부여한 지위 문제는 **세세한 것**이 아니다. 그것은 정치 투쟁에서 매우 잘못 제기되어 점차 중심적인 문제처럼 떠오르는, 불행하게도 잘못된 문제이다.

이 문제에 대해 분명하게 표명하도록 다양한 공화주의자 후보들을 강제하는 것이 중요했다고 판단한, '프랑스 외국인 선거 공약 조사 그룹'은 그 결과를 공표할 만한 가치가 있다는 경험을 하였다. 후보들은 이 팀이 그들에게 던진 질문들을 회피하였다. 예외적으로 로베르 위·도미니크 보이네는 파스쿠아 법의 폐지, 추방할 수 없는 자들의 신분 정상화, 소수의 권리를 보장하는 고민을 선거 운동의 중심 사항으로 내걸었다. 에두아르 발라뒤르는 우리의 25개 질문들과 관련 없는 일반론의 편지

---

7) 이 글은 1955년 5월 3일자 《리베라시옹》지에 장 피에르 알로와 나의 이름으로 발표된 것이다. 이 글은 선거구에서 실제적으로 배제된 주제인 '프랑스 내 외국인 실태와 관련 있는 그들의 프로젝트를 검토하기 위해' 8명의 대통령 선거 후보에 대해 1995년 3월, 프랑스 외국인 선거 공약 조사 그룹(GEPEF)이 실시한 조사의 개요를 나타낸다.

를 보냈다. 자크 시라크는 우리와의 면담에 응답하지 않았다. 리오넬 조스팽은 마르틴 오브리와 장 크리스토프 캉바델리에게 위임하였으나, 이들 역시 불행하게도 그들이 좋아하는 사람의 위치에 대해 아는 것보다 잘 알지 못했다.

수년 전부터 실업 · 청소년 비행 · 마약 등 사회의 불행을 증오로 변화시키는 외국인 혐오주의적 연설에 대항하여, 별거 없는 후보자들의 침묵과 설명을 발견하기 위해 위대한 목사가 될 필요는 없다. 아마도 확신이 부족하고, 표명함으로써 표를 읽을 걱정 때문에, 그들은 이 거짓 문제에 대해 더 이상 말하지 않기에 이르렀다. 그들은(진보적으로 때로는 불법 이민자들을 착취하는 중개인과 업주들의 역할을 상기시키고), 예를 들어 **치안, 최대한 입국자수 줄이기**나 혹은 **불법 이민** 통제의 필요성을 말하면서, 틀에 박히고 다소간 부끄러운 상투성으로 이 문제를 항상 있다가도 없게 한다.

한편 여론 조사에 의해 매료된 정치 미디어 세계의 논리가 조장하는 모든 선거구 계산은 일련의 근거 없는 전제에 의거한다. 모든 경우에 있어서 마술적 참여, 접촉성 감염, 단어 연결의 가장 원시적인 논리에 근거한다. 수많은 예 가운데 하나로, 어디로도 **이민가지** 않고 **제2세대**로 불리는 사람들에 대해 어떻게 **이민자**라고 말할 수 있는가? 마찬가지로 진보주의적 존엄성으로 고민하는 사람들이 **이민자**란 말에 연결하는 **불법적**이란 형용사의 주된 기능 가운데 하나는, 인간의 불법적 국경

침투와, 마약과 무기처럼 (국경 여기저기서) 금지된 물건의 불법적 통과에 언어적·정신적 동일시를 하는 것이 아니다. 범죄적인 혼동이 이 사람들을 범죄자로 생각하게 만드는 것이다.

마침내 정치인들은 이러한 믿음을 그들의 유권자들과 보편적으로 공유하고 있다고 믿는다. 그들의 선거 전략적 선동은 사실상 **여론**은 **이민** 외국인, 모든 종류의 문호 개방에 대해 반대한다는 가정에 의거하고 있다. 이 현대판 점성술가, '여론조사자'의 판결, 그리고 능력과 신념을 대치한 정책자문가들의 명령은 **르팽의 표를 획득하기** 위해 사용된다. 강력한 하나의 논점에 국한하여 말하자면, 파스쿠아 법이 통과되고, 치안 강조 연설과 정책 실시를 한 지 거의 2년이 지난 후, 르팽이 획득한 기록은 외국인의 권리를 더 제한할수록 국민전선당의 지지자 군(群)이 더 증가한다는 결론을 가져왔다. (이 주장은 분명히 조금 단순화한 것이다. 그러나 이것은 프랑스 영토에 주거하는 외국인의 법적 지위의 개선을 목적으로 하는 모든 조치보다 흔히 앞선 주제는 아니다.) 여하튼 확실한 것은 국민전선당에 표를 던지는 유일한 외국인 혐오주의자를 비난하기 전에, 예를 들면 언론-정치계의 부패 사건들 같은 몇 가지 다른 요인들에 문제 제기를 해야 할 것이다.

이 모든 것 때문에 현대 민주주의에서 외국인 지위의 문제를 다시 생각해 봐야 할 것이다. 즉 이것은 우리처럼 사람과 재산의 자유로운 유통 질서로부터 많은 이득을 얻는 세계에서 사람의 이동을 합법적으로 강제할 수 있는 국경의 문제이다. 적어도 단기적으로 국익의 논리에서 파스쿠아의 이름과 연관된 치안중심적 정책의 국가를 위한 비용을 평가해야 할 것이다. 즉 그것은 **사회적 단층**을 만들고 강화하기 위해 취해진 경찰 통제 속의 인종 차별에 의한 비용, 일반화된 기본권 침해와 프랑스의 위신, 인권 옹호의 특별한 전통을 위한 비용 등이다.

외국인에게 부여된 지위의 문제는 결정적인 기준이다. **시볼레스**[8]는 모든 선택에서 어떤 편을 들지 후보자의 능력을 판단하게 한다. 즉 그것은 편협하고 퇴행적·치안중심적·보호주의적·보수적·외국인 혐오적인 프랑스에 반대하고, 개방적이고 진보적·국제적·보편적인 프랑스에 찬성하느냐의 시금석이다. 그것은 왜 유권자 시민의 선택이 후보자에 영향을 미쳐야 하느냐의 이유가 된다. 외국인 **수용**의 주제에 있어서 후보자는 가장 명료한 방식으로 프랑스 현 정치와 가장 급진적이고 전적인 단절을 해야 할 것이다. 리오넬 조스팽은 그렇게 해야 한다. 과연 그는 그렇게 할까?

1995년 5월, 파리

---

8) 시볼레스는 한 사람의 능력을 판단하게 하는 결정적 증거이다.

이성으로 무장하고 스스로 정당화하는 권력 남용[9]

내가 보편성의 제국주의라고 부르는 서구의 사이비 보편주의에 대하여 매우 심도 있는 질문이 이슬람 국가들 내부로부터 제기된다.[10] 프랑스는 이 제국주의의 훌륭한 화신이었는데, 내 생각으로는 국가 자체 내에서 헤르더의 이름에 연관된 민족적 포퓰리즘을 야기했다. 어떤 보편주의가 확산을 위해 보편성(인권 등)을 내세우는 민족주의일 뿐이라는 것이 사실이라면, 이 보편주의에 대해 원리주의적인 모든 반응을 반동적이라고 비난하기가 쉽지 않게 된다. 과학적 합리주의, 즉 수학적 모델의 합리주의는 국제통화기금이나 세계은행, 다국적 법률회사들인 **로펌**의 정책에 영향을 준다. 그리고 이 기구들은 미국법의 전

---

9) 이 글은 1955년 10월 15일, 프랑크푸르트 도서박람회 때에 세계작가의회가 조직한 공개 토론회에서 발언한 내용이다.
10) P. 부르디외, 〈보편성의 두 제국주의〉, C. 포레와 T. 비숍(편), 《프랑스인의 미국》, 파리, 프랑수아 부랭 출판사, 1992, 149-155쪽.

통을 전 세계에 부과한다. 즉 합리적 행위론 등 이 합리주의는 서구적 오만의 표현이자 보증으로서, 일부 인간들이 이성의 독점권을 갖고, 사람들이 공통적으로 말하듯이 세계 경찰로서 제도화할 수 있게 이끈다. 즉 보편적 정의의 실현을 위해 무력을 사용할 수 있는 합법적인 폭력의 독점을 소유한 자로서 스스로 선언하게 제도화하는 것이다. 거의 언제나 폭력이 뿌리내린 곳에서 절망의 비합리주의를 넘어, 테러적인 폭력은 이성을 내세우는 권력의 내부적 폭력으로 귀착된다. 경제적 강제는 흔히 법률적 이성으로 치장한다. 제국주의는 국제 기구의 합법성으로 자신을 숨긴다. 그리고 **이중 기준**을 위장하기 위해 합리화의 위선 그 자체로서, 제국주의는 아랍·남미·아프리카 민족 가운데, 이성으로 무장하고 권위를 갖는 권력의 남용과 분리할 수 없는 (경제적·과학적 혹은 그외) 이성에 대항하여 심각한 저항을 부추기고 정당화하는 경향이 있다. 이런 '비합리주의들'은 부분적으로 우리 서구의 합리주의의 산물인데, 이는 장소와 시대에 따라 제국주의적·침략적·정복적이거나, 혹은 평범하고 편협적·방위적·퇴행적·강압적이다. 이성의 겉모습 아래 그들의 권력 남용을 감추는 사람들, 혹은 이성의 무기를 사용하는 사람들, 혹은 전횡적 제국을 세우거나 이를 정당화하는 사람들과 싸우는 것은 더욱더 이성을 옹호하는 것이다.

1995년 10월, 프랑크푸르트

철도원의 발언[11]

10월 17일 화요일, 한 철도원이 운전하던 수도권 고속철도(**RER**) 열차 둘째 칸에서 폭발 사건이 있은 후 심문이 있었다. 증인들에 의하면 그는 모범적으로 침착하게 승객들을 대피시켰고, 알제리 공동체에 책임을 전가하는 기도를 경고하면서 그들도 단지 **우리와 같은 사람들**이라고 말하였다.

이같은 비범한 발언은, 파스칼이 말한 **건전한 사람들의 진실**처럼 무의식적이든 계산적이든 국민에게 외국인 혐오주의나 인종 차별주의를 부추기는 보통 대중선동가들의 발언들과 확연히 관계를 끊는 것이었다. 대중선동가들은 이런 사상들을 만드는 데 기여하고, 혹은 가끔 그들이 '단순한 것들'이라고 부르며 제공하는 예상된 기대를 한다. 그들은 사람들이 단순한 사고들에 만족할 것이라고 생각하면서 시청률과 여론에 의해 육화(肉化)된 시장의 제재에 의존한다. 그것은 대중선동가들의 천

---

11) 이 글은 1995년 11월, 《알제리의 선택》에 발표된 것이다.

박성과 비열함을 강제하기 위해 냉소적으로 대다수 사람들의 민주주의적인 심판과 동일시된 것들이다.

이 특이한 발언은 양심에 거리낌 없이 일상적으로 행사되는 폭력에 저항할 수 있는 증거가 되었다. 즉 그 폭력은 텔레비전·라디오·신문, 자동적인 말투, 통속화된 이미지, 유형화된 말이다. 그리고 그 발언은 폭력이 생산해 내는 익숙함의 효과에도 저항적이다. 즉 전체 인구 가운데에서 모욕과 인종차별적 경멸에 대한 관용의 문턱을 느낄 수 없을 만큼 서서히 올리고, 전 논리적 사고와 언어적 혼동(예를 들어 이슬람과 이슬람원리주의, 모슬렘과 이슬람원리주의, 이슬람원리주의와 테러리스트 간의 혼동)에 대해 비판적 옹호를 약화시키며, 1백 년 이상의 식민화와 식민 투쟁의 유산인 모든 사고와 행동의 습관을 교활하게 강화시킨다. 우리는 여기서 내무부 장관이 크게 만족하게도 최근 경찰이 실시한 1백85만 개의 '검문' 건수 중 유일한 촬영 기록을 자세히 살펴봐야 할 것이다(반말, 공중이 보는 앞에서 신체 수색 등). 한없는 수치감에 대해, 그리고 부당 행위와 직무 위반(가혹 행위, 부서진 문, 사생활 침해)으로 시민과, 한때 외국인에 대한 개방으로 평판이 좋던 이 나라의 주인이 겪는 중요한 침해를 생각하게 된다. 경찰의 이런 활동은 분개와 반발 혹은 분노를 이끌 수 있다. 가시적으로 사회 안정을 위한 제재를 확인하고 만족시키는 관련 장관의 발언은 국민을 더욱 안심시키지 못하였다.

철도원의 이같은 간단한 발언은 예를 들어 역사적 현실을 이원론적 사상에 안심하는 이항 대립으로 환원하기 위해, 항상 간단하게 하려는 마음으로, 복잡하고 애매한 역사적 현실을 잘라 없애는 모든 사람들과 단호하게 싸우게 한 감동적인 것이었다. 이항 대립적 환원은 이성적 대화를 타이틀 매치로 혼동하는 경향이 있는 텔레비전이 세운 모델이다. 하나의 사상·가치·사람·제도 혹은 상황에 대해, 복합적인 진실을 분석하기보다 단순히 찬성 혹은 반대 입장을 표명하는 것은 매우 쉬운 일이다. 사람들은 인종중심주의적 영감에 전적으로 반대하는 분석을 하고 그 의미를 이해할 능력이 없는 만큼, 기자들이 '사회 문제'(예를 들어 '가려진 베일')라고 부르는 것에 대해 **편들기**를 서두르게 된다.

역사적 사실은 언제나 수수께끼이고, 명백한 모습에도 해독하기 힘들다. 알제리 현실보다 더 높은 수준으로 이러한 특징들을 표현하는 것은 아마 없을 것이다. 이것은 왜 지식과 행동에 있어서 알제리 현실이 비범한 도전을 표현하는지에 대한 이유이다. 그리고 모든 분석을 위한 진실의 증거이자, 역시 무엇보다도 모든 참여의 시금석인 것이다.

특별히 이 사건에 있어서 상황과 제도에 대한 엄격한 분석은 아마도 부분적 전망과 모든 이원론주의에 대한 가장 훌륭한 해독제일 것이다. 이런 사고들은 흔히 '공동체 지상주의적' 사상의 형식주의적인 호의와 연결되어 있는데, 이것들이 만들어 내는 표상과 표현하는 말들을 통하여 살인적 결과들로 이끈다.

1955년 11월, 파리

문명 파괴에 대항하여[12]

나는 지난 3주 이래 하나의 **문명** 파괴에 반대하여 싸우는 모든 사람들을 지지하는 말을 하기 위해 이곳에 왔다. 이 문명은 공공서비스의 존재에 연관되어 있는 교육·건강·문화·학술·예술, 그리고 이것들 위에 있는 노동의 권리 앞에서의 공화주의적 평등이다.

나는 우리가 이 심오한 운동을 절망과 동시에 희망으로 이해한다고 말하기 위해 여기 있다. 그리고 또한 우리는 어느 철학자처럼 그것을 이해하지 못하는 사람들을 이해하지 못한다(혹은 너무 이해할 뿐이다)고 느낀다. 그 철학자는 《일요신문》 12월 10일자에서, 놀랍게도 분명히 쥐페 수상에 의해 나타난 '세계의 합리적 이해'와 '사람들의 깊은 욕망 사이의 현격한 차이'를 발견했다.

학식이 풍부한 '엘리트'의 장기적인 전망과, 민중 혹은 그들

---

12) 1955년 12월 파업 때 리옹역에서의 연설.

의 대표자들의 근시안적 전망의 충동 사이의 대립은 모든 시대, 모든 국가에서의 반동 사상의 전형이다. 이 대립은 오늘날 학력과 학문, 특히 경제적 권위의 정당성에 대한 확신을 취하는 국가 귀족과 함께 새로운 형태를 띤다. 이 신성한 권한을 가진 새로운 통치자들에게 있어서, 이성과 근대성뿐만 아니라 운동·변화는 통치자·각료·경영자 혹은 '전문가' 측에 있다. 반면에 비이성과 고루함, 관성과 보수주의는 민중, 노동조합, 비판적 지식인측에 있게 된다.

쥐페가 "나는 프랑스가 신중한 나라, 행복한 나라이길 바란다"라고 말할 때, 그것은 관료주의적 확신을 표현한 것이다. 이 말은 다음과 같이 번역될 수 있다. 즉 "나는 신중한 사람들, 다시 말해서 엘리트, 국립행정학교 출신들이 민중의 행복이 있는 곳을 알고, 국민의 의지에 불구하고, 즉 국민의 의지에 반하여 민중의 행복을 만드는 중이길 바란다. 사실상 철학자가 말하는 국민은 그들의 욕망에 의해 눈멀어 자신의 행복을 알지 못한다(특히 쥐페가 말한 것처럼). 국민 자신보다 국민의 행복을 잘 아는 사람들에 의해 그들의 행복이 통치되고 있다는 사실을 모른다." 이처럼 관료들이 민주주의를 어떻게 생각하고 이해하는지를 보라. 국민의 이름으로 통치함을 주장하는 그들은 왜 국민이 그들에 반대하여 거리에 뛰어나가는지(망은의 극치!) 모를 따름이다.

이 국가 귀족은 국가의 소멸과, 시장 및 소비자(시민의 상업주의적 대체물) 없는 전성 시대를 설교하며 국가에 주도권을 내주게 한다. 국가 귀족은 공공재를 사재로, 공화국과 공사(公事)를 사사(私事)로 만든다. 오늘날 문제가 되는 것은 관료주의에 반대하는 민주주의 회복이다. '금융 시장'이란 새로운 리바이어던의 심판을 강요하는, 세계은행과 국제통화기금 같은 형식의 전문가 독재를 끝내야 한다. 이들은 타협하지 않으려 하고, '설명'한다. 자유주의 이론가들이 설교하는 역사적 불가피성에 대한 새로운 믿음과 단절해야 한다. 그리고 집단적 정치 활동의 새로운 형식을 창조해야 한다(아마 이것은 전문가의 임무일 수 있는). 특히 경제적 필연성들을 고려할 수 있어야 하며, 이것들과 싸우고, 될 수 있으면 이것들을 중립화시킬 수 있어야 한다.

오늘날 위기는 역사적 기회이다. 프랑스와 유럽과 전 세계에서 매일 많은 사람들이 자유주의냐 야만이냐의 새로운 양자택일을 거부한다. 철도원·우체국 직원·교사·공무원·학생 등은 능동적 혹은 수동적으로 이 운동에 참여하였다. 그들은 시위·선언·논의를 시작했고, 이를 막으려는 중재적 노력은 헛되었다. 그들은 이를 통해 불충분한 동시에 충분한 관료들에게 맡겨둘 수 없는 다음과 같은 근본적인 문제를 제기하였다. 즉 다른 유럽 국가들에서 똑같은 위험에 노출되어 있는 사람들과 연결하여, 주당사자인 우리들 각자에게 어떻게 공공서비스·건강·교육·교통 등의 장래에 대해 현명하고 합리적인 정의를 세울 것인가? 그리고 고등 교육에 있어서, 그랑제콜과 대학의 격차에 의해 상징화된 2개의 속도 구조를 가진 교육에서 어떻게 점진적 위치를 거부하면서 공화국 학제를 재창조할 것인가? 우리는 건강과 교통 분야에 대해서도 같은 질문을 할 수 있을 것이다. 모든 공무원들에게 해당되는, 라디오·텔레비전 혹은 신문 같은 문화 보급 기업에 특히 해로운, 혹은 교육 분야에조차 진행되고 있는 검열 효과에 의해 종속과 복종 형식을 가져오는 불안정 취업에 반대하여 어떻게 싸울 것인가?

공공서비스의 재창조 작업에서 지식인·작가·예술가·학자 등은 결정적인 역할을 한다. 보급의 수단에 있어서 관료적 정통성의 독점을 타파하는 데에 공헌할 수 있다. 그러나 그들은 또한 조직적이고 항구적인 방법으로 참여할 수 있다. 위기의 상황에 부정기적 모임에서뿐만 아니라, 집회와 특히 노조처럼 사회의 장래에 효과적으로 대처하는 사람들 곁에서, 그리고 미디어 정치적 정통성이 제기하기를 금지하는 큰 문제에 대해서 엄격한 분석과 창조적 제안을 하려고 노력하는 데에 참여할 수 있다. 나는 특히 세계 경제의 장과 노동의 세계적 분할의 경제적·사회적 효과의 통합 문제를, 혹은 금융 시장의 이름 아래 많은 정치적 주도권들이 나오는 금융 시장의 냉혹한 법칙 주장의 문제를 생각한다. 그리고 정보 자본이 가장 결정적인 생산력 중 하나가 된 경제 체제에 있어서 교육과 문화의 기능을 생각한다.

이 프로그램은 아마 추상적이고 순전히 이론적으로 보일 수 있다. 그러나 우리는 대중영합주의(포퓰리즘)에 빠지지 않고 권위적 관료주의를 거부할 수 있다. 과거의 사회 운동들이 포퓰리즘에 너무 자주 공을 들였고, 이 포퓰리즘이 한층 더 관료들의 지배를 만들었다.

어쨌든 서툴지만——내가 충격을 주었거나 따분하게 한 사람들에게는 사과한다——내가 표현하고 싶었던 것은, 오늘날 사회 변화를 위해 투쟁하는 사람들과 함께 실제적인 연대이다. 사실상 나는 우리가 과학, 특히 경제 같은 관료주의 특권적 영역에서 맞부딪치면서, 그리고 그것의 지배적인 추상적이고 결함 있는 지식에 반대하여 인간과 인간이 직면하는 현실을 더 존중하는 지식을 내세울 때, 우리는 효율적으로 국내적·국제적 관료주의를 물리칠 수 있을 것이라고 생각한다.

1955년 12월, 파리

'세계화'의 신화와 유럽 사회 국가[13]

우리는 신자유주의의 전망에 대항할 것은 아무것도 없다는 말을 하루 종일 어디에서나 듣는데, 이것이 지배적 담론의 힘이 되게 한다. 신자유주의는 자명하고 선택의 여지가 없는 것으로 나타난다. 신자유주의가 이런 통속성을 갖고 있다면, 그것은 상징적 교육의 작업이 있는 것이다. 이 작업에는 소극적으로 언론인과 일반 시민, 그리고 능동적으로 일단의 지식인들이 참여한다. 이렇게 은연중 하나의 진정한 믿음을 만들어 내는 지속적이고 가공할 만한 주입에 대항하여 연구자들의 역할이 중요하게 보인다. 먼저 이들은 이 담론의 생산과 유통을 분석할 수 있다. 영국·미국·프랑스에서는 이런 세계관이 생산, 전파, 교육되어지는 과정들에 대해 매우 정확하게 분석한 연구들이 속속 나오고 있다. 점차 정당한 것처럼 보이는 텍스트와 잡지들을 분석함으로써 작가들의 특징들과 그들이 발표하려고

---

13) 1996년 10월, 그리스 노동자 총연맹(GSEE)에서의 발언.

모이는 회의들은 영국과 프랑스에서 얼마나 지속적인 작업이 이뤄졌는가를 보여 주었다. 지식인·언론인·기업인들은 서로 연계하여 신자유주의가 당연스런 것처럼 보이게 한다. 신자유주의는 본질적으로 어느 시대, 어느 국가에서나 가장 보수적인 사상의 케케묵은 고전 이론들을 경제적 합리화로 포장한 것이다. 나는 미국중앙정보부(CIA)에 의해 지원받는《증거》잡지의 역할을 떠올린다. 이 잡지는 프랑스의 저명한 사상가들에 의해 편집 자문을 받았었는데, 거짓된 것이 당연하게 보이는 데에 20-25년 동안의 시간이 걸렸다. 이 잡지는 초기 흐름과는 반대로 점차 자명한 것으로 되어 버린 사상들을 생산해 냈다.[14] 똑같은 현상이 영국에서도 일어났다. 대처리즘은 대처로부터 탄생된 것이 아니다. 이것은 큰 신문사에서 칼럼을 쓰는 지식인 그룹들에 의해 아주 오랫동안 준비된 것이었다.[15] 연구가에게 가능한 첫번째 기여는 모든 사람들이 접근 가능한 형태에서 이것의 전파를 연구하는 것이다.

오래전부터 시작된 이 주입 작업은 오늘날에도 계속되고 있다. 언론계에서 각 신문의 위치와 다양하게 연관되어 모든 프

---

14) P. 그레미옹, 《증거. 파리의 유럽 잡지》, 파리, 줄리아르 출판사, 1989. 그리고 《반공산주의 정보, 문화의 자유를 위한 파리 대회》, 파리, 파이야르 출판사, 1995.

15) K. 딕슨, 〈시장의 전도사〉, 《리베르》, 1997년 9월, 32호, 5-6쪽. 그리고 C. 파쉬와 S. 피터, 〈몽 페를랭 회사의 첫걸음 혹은 신자유주의의 매력〉, 《연보》(학문 분야 같은 사회과학의 도래), 1997년 8월, 191-216쪽.

랑스 신문에서, 미국과 영국의 기적 같은 경기 호전에 대한 기사가 며칠 간격으로 주기적으로 기적처럼 나타나는 것을 관찰할 수 있다. 이같이 한 방울씩 미량 단위로 사용하는 점적제(點滴劑)식 상징의 주입 작업에 인쇄 언론과 방송 언론이 크게 기여한다. 이는 대부분 무의식적으로 거의 모든 사람들은 충직하게 이것을 반복하여 매우 심대한 효과를 발휘하기 때문이다. 이렇게 결국 신자유주의는 **불가피성**을 초월한 것처럼 자연스럽게 나타난다.

당연한 것처럼 강제되어 있는 모든 전제는 최대 성장, 즉 생산성과 경쟁력이 인간 행동의 궁극적이고 유일한 목표이고, 혹은 인간은 이 경제적 힘에 저항할 수 없음을 인정하는 것이다. 혹은 더욱이 경제의 모든 가설에 기초하는 전제는, 경제적인 것과 사회적인 것의 분명한 단절을 만들어서 그 격차를 벌려 후자를 몹쓸 것으로 사회학자에게 내던지는 것이다. 다른 중요한 전제는 우리가 신문을 펼칠 때마다, 혹은 라디오를 들을 때마다 우리를 엄습하는 공통의 언어 표현으로서 사실상 본질적인 완곡어법화이다. 불행하게도 나는 그리스 예를 들 수가 없다. 그러나 여러분들은 그 예를 어렵지 않게 찾을 수 있을 것이다. 예를 들어 프랑스에서는 더 이상 경영자를 말하지 않고, '국가의 활력'을 말한다. 해고라는 말을 하지 않고, 스포츠 비유를 하여 '체중 감량(다운사이징; 엄격하게 체중 조절을 해야 함)'이란 말을 사용한다. 2천 명 노동자를 해고할 기업을 보도

하면서 '알카텔의 과감한 인사 계획'이라고 말한다. 또한 탄력성·유연성·규제 철폐 같은 말의 함의와 연상을 통해, 신자유주의가 자유화와 해방의 보편적 메시지라고 믿게 하는 경향을 띤다.

이같은 **억설**에 반대하여 우리는 자신을 방어해야 한다. 즉 이것을 분석하고, 이것이 만들어져서 강제되는 메커니즘을 이해하려고 노력해야 한다. 그런데 이것이 매우 중요함에도 불구하고 이것 역시 불충분하다. 우리는 일련의 경험적 사실들을 **억설**에 대립시켜야 한다. 프랑스의 경우, 국가는 상당한 분야의 사회 정책을 포기하기 시작했다. 결과는 온갖 종류의 엄청난 고통이다. 그것은 극빈층에게만 영향을 주는 것이 아니다. 우리는 대도시 근린에서 관찰되는 문제들의 근원에 1970년대 ('개인' 지원으로서) 실시된 신자유주의 주택 정책을 제시할 수 있다. 이 정책은 사회 차별을 초래했다. 즉 한쪽에는 대단위 집단으로서 남게 된 대부분 이민자들로 구성된 하층 프롤레타리아 계층과, 다른 한쪽에는 인정된 수입의 상시 노동자들과 엄청난 은행 대출로 산 조그만 단독 주택에 사는 프티 부르주아 계층이다. 이같은 사회적 격차는 정치적 조치로써 결정된 것이다.

미국에서는, 우리는 국가의 이중적 성격을 보게 된다. 한편으로는 보험과 보장을 받을 만큼 충분히 보장된 특권층을 위해 국가가 사회보장을 부담하고, 서민들에게는 강압적 경찰 국가의 모습을 보인다. 미국에서 가장 부유한 주(州) 가운데 하나인

캘리포니아주는 한때 프랑스 사회학자들에 의해 모든 자유화의 천국으로서 여겨졌다. 그리고 역시 가장 보수적인 주(州)의 하나로서 세계적으로 가장 유명한 대학들이 있는데, 1994년 이래 이 주의 교도소의 총예산이 모든 대학의 총예산보다 더 많다. 시카고 게토의 흑인들은 경찰·판사·간수·**형집행관**을 통해서 국가의 존재를 알 뿐이다. 흑인들은 교도소에 다시 갈 위험을 무릅쓰고 이 집행관 앞에 정기적으로 출두해야 한다. 여기서 우리는 일종의 지배층의 꿈의 실현이란 문제를 보게 되는데, 로익 와칸트가 보여 주듯이 국가는 점점 더 경찰 기능으로 축소되고 있다.

미국에서 진행중이고 유럽에서 시작된 것은 **퇴화**의 과정이다. 프랑스와 영국처럼 국가가 가장 일찍 건립된 사회에서 국가의 탄생을 연구할 때, 우리는 먼저 물리적 힘과 경제력의 집중을 관찰한다. 두 가지가 함께 동시 진행을 하는데, 즉 전쟁을 하고 치안 유지의 경찰을 움직이기 위해서는 돈이 필요한 것이다. 그리고 문화 자본의 집중 다음에 권위의 집중 현상을 보게 된다. 시대가 진행함에 따라 국가는 자율성을 획득하고, 사회와 경제의 지배적 힘으로부터 부분적으로 독립되어 간다. 국가 관료제는 지배층의 의사를 해석하고 왜곡하며, 때로 정치의 영향을 받는다.

국가의 퇴행 과정은 신자유주의 정치와 신앙에 대한 저항이 국가 전통이 강한 나라만큼 여러 나라에서도 매우 강하다는 것을 보여 주었다. 그리고 이것은 국가가 두 가지 형태로 존재하기 때문인 것으로 설명된다. 즉 국가가 법과 규칙, 행정 부처 등의 총체적 제도의 형태로서 객관적 현실에, 또한 머릿속에 존재한다는 것이다. 예를 들어 프랑스 관료 기구 내부에서 주택 지원 개혁 때, 사회복지 관계 부처들은 주택 사회 정책을 옹호하기 위해 재정 관계 부처들에 반대하여 싸웠다. 이 공무원들은 그들의 부처와 자리를 지키는 데에 관심을 가졌고, 또한 그것을 믿고 그들의 주장을 옹호하였다. 국가는 모든 나라에서 한편으로는 사회복지적 정복의 흔적이다. 예를 들어 노동부는 비록 상황에 따라 이 기관이 억압의 기구일지라도 현실화된 하나의 사회복지 정복이다. 국가는 또한 '기득의 사회 권리' 등에 애착하는 주관적 권리의 형태로서(예를 들어 "그것은 나의 권리이다" "나에게 그렇게 하라고 강요할 수 없다") 노동자들의 머릿속에 존재한다. 예컨대 영국과 프랑스의 가장 큰 차이점 중 하나는, 대처리즘을 지지하는 영국인들은 그들이 할 수 있는 만큼 저항하지 않았다는 것이다. 왜냐하면 대부분 노동 계약이 국가에 의해 보장되는 약정인 프랑스와는 달리 **불문법**적 계약이었기 때문이다. 오늘날 역설적으로 유럽 대륙에서 영국 모델이 환영받는 그 순간에 영국 노동자들은 유럽 대륙의 시각으로 바라보고, 그들의 노동 전통이 제공하지 않는 것들, 즉 노동 권리 사상을 발견한다.

국가는 애매모호한 현실이다. 우리는 국가가 지배층을 위한 도구라고 말하는 데에 만족할 수 없다. 확실히 국가는 완전히 중립적이지 않다. 지배층으로부터 완전히 독립적이지 않으며, 더 오래되고 더 센 만큼 더 중요한 사회 정복의 구조를 유지하면 할수록 더 큰 자율성을 지닌다. 국가는 갈등의 장소이다(예를 들어 재정부와 사회 문제를 관장하는 지출 부서 간 갈등). **국가의 퇴화**에 저항하기 위하여, 즉 교육·건강·복지 등 사회적 기능을 점차 방치하고 억압하는 형사(刑事) 국가를 향한 퇴화에 저항하기 위하여 사회 운동은 사회 정책 책임자들의 지원을 구할 수 있다. 이들은 장기 실업자 부조를 담당하며, 사회 정책과 실업 등의 단절에 불안해한다. 그리고 이들은 '세계화'의 제약과 세계 속의 프랑스 위치만을 알기 원하는 재정 담당자들에 대항하고 있다.

나는 '세계화'를 말한다. 이것은 그 말의 강한 의미로 신화이고, 강력한 담론이며, 사회적 힘과 신념을 가진 '관념의 힘'이다. 그것은 **복지 국가**의 성과에 대항하는 투쟁의 주요 무기이다. 유럽 노동자들에게 유럽 노동자들은 그들보다 불리한 세계의 노동자들과 경쟁한다는 모델을 세운다. 후진 국가들에서는 최저임금이 존재하지 않고, 유럽 노동자 월급의 4분의 1에서 15분의 1 사이의 월급을 위해 노동자들이 하루 12시간 노동을 한다. 그곳에는 노조도 없고, 어린아이들까지 노동을 시킨다. 이는 자유주의의 키워드인 유연성 같은 모델의 이름으로 행해진다. 즉 야간 노동, 주말 노동, 불규칙적인 노동 시간 등 경영주의 꿈속에 아주 오래전부터 각인된 것들이다. 일반적으로 신자유주의는 매우 멋있고 현대적인 메시지로서 늙은 경영주의 고리타분한 관념을 되살린다. (미국에서는 잡지들이 이 충격의 경영주 리스트를 만드는데, 그들은 그들이 과감히 해고한 고용자들의 수에 따라 달러 연봉으로 순차적으로 분류된다.) 왕정복고의 혁명 같은 30년대 독일 혁명·대처리즘·레이거니즘 등이 **보수 혁명**의 특징이다. 오늘날 보수 혁명은 새로운 형식을 취한다. 이것은 다른 때처럼 태고의 농업 신화의 케케묵은 테마인 대지와 피에 열광한, 이상화된 과거로 되돌아가자는 것이 아니다. 이 새로운 형식의 보수 혁명은 복고를 위해 진보·이성·과학(때에 따라서는 경제)을 표방한다. 그리고 진보주의적 사상과 행위를 과거의 고대풍으로 되돌려 놓으려고 한다. 이 보수 혁명은 수많은 인간 행동들의 이상적 규칙을 만드는데, 즉 자신의 논리, 소위 시장의 논리라는 가장 강력한 법칙에 방치된 경제계의 현실적 규칙성을 세운다. 보수 혁명은 금융 시장의 지배를 승인하고 찬양한다. 최대 이익의 법칙밖에 없는 일종의 급진적 자본주의의 회귀인데, 그것은 경영 같은 지배의 현대적 형식과 시장 조사·마케팅·상업 광고 같은 조종의 기술을 도입함으로써 제동 없이 적나라하게 자본주의의 경제적 효율의 극한에까지 밀어붙인 합리화된 자본주의이다.

　이 보수 혁명이 잘못될 수 있다면, 그것은 외양상 30년대 보수 혁명의 포레 누아르의 낡은 목가(牧歌)와 더 이상 아무 관계가 없는 것이다. 보수 혁명은 모든 현대성의 징후로 치장한다. 그것은 시카고에서 오는 것이 아니다. 갈릴레오는 자연의 세계가 수학적 언어로 씌어져 있다고 말했다. 오늘날 우리는 경제·사회 세계가 방정식이라고 믿기를 원한다. 수학(그리고 중재적 권력)으로 무장한 신자유주의는 지난 30년 이래 '이데올로기의 종언' 혹은 최근에 '역사의 종언'이란 이름으로 출현하여 보수적 사회론의 최고 형식이 되었다.

'세계화'의 신화를 부수기 위해서는 사실에 입각한 반박을 해야 한다. 세계화는 복고적이고 야만적이나, 합리화되고 냉소적인 자본주의로의 회귀를 받아들이게 하는 역할을 한다. 통계를 보면, 유럽 노동자들이 겪는 경쟁은 본질적으로 유럽 내의 경쟁이란 것을 알게 된다. 내가 갖고 있는 자료에 의하면, 유럽 국가 경제 교역의 70퍼센트가 다른 유럽 국가들과의 교역이다. 유럽 밖의 위협을 강조하면서 주요 위험이 유럽 국가 내의 경쟁에 의해 만들어진다는 사실을 숨기는 것인데, 우리는 이것을 가끔 **사회적 덤핑**(속임수)이라고 부르는 현상이다. 이것은 취약한 사회보장과 저임금의 유럽 국가들이 경쟁에서 유리함을 이용할 수 있으나, 다른 국가들의 수준을 낮게 함으로써 저항의 사회적 기득권들을 포기하는 제약을 초래할 수 있다. 이것이 내포하는 것은, 이같은 나선 파급 현상을 피하기 위하여 선진국 노동자들이 개도국 노동자들의 기득권 보호와 모든 유럽 노동자들에게의 보편화를 위해 그들과 연대하는 것에 관심을 갖는 것이다. (이것은 쉬운 일이 아니다. 국가 전통, 특히 국가에 대한 노조의 비중, 사회보장 재정의 형태 차이 때문이다.)

그러나 그것이 전부가 아니다. 또한 신자유주의 정책에 대해 연구자 각자가 주장할 수 있는 모든 영향력들이 있다. 일련의 영국의 조사들은 대처의 정책이 육체노동자들과, 프티 부르주아 계급에서 상당한 불안정과 위기의 감정을 야기시켰다는 것을 보여 준다. 우리는 미국에서도 똑같은 현상을 관찰한다. 즉 저임금의 취약한 고용의 확대를 가져왔다. (이것은 인위적으로 실업률을 낮추는 역할을 한다.) 미국 중산층은 갑작스런 해고의 위협 아래 비참한 불안정을 느낀다. (그 결과 고용에서 중요한 것은 단지 노동과 임금이 아니라 안정성이란 것을 알게 되었다.) 모든 나라에서 임시고용 노동자들의 비율은 정규고용 노동자들에 비하여 증가하고 있다. 불안정화와 유연성은 흔히 '부자'가 행사하는 특권으로 묘사되고, 노동자들에게 지속적 고용, 건강보험과 퇴직연금보장처럼 작은 임금을 보상할 수 있었던 조그만 장점마저 잃게 하였다. 한편 민영화는 집단적 기득권들을 상실케 하였다. 예를 들어 프랑스의 경우 새로 고용된 4분의 3의 노동자들이 임시직이며, 이 가운데 4분의 1만이 정규직으로 고용되었다. 물론 신규 고용자들은 비교적 젊은층이다. 이 같은 불안정 취업이 본질적으로 프랑스 젊은이들을 강타한다. 우리는 이것을 《세계의 비참》이란 책에서 주장한 바 있다. 이러한 불안정 취업은 청소년 비행이나 다른 극단적 현상의 결과와 함께 젊은이의 위기감이 극에 달한 영국에서도 보여진다.

오늘날 인류의 희귀한 문화적 성과들의 사회·경제적 기반 파괴에 덧붙여지는 것이 있다. 시장에 대해 문화 생산계의 자율성이 작가·예술가·학자들의 투쟁과 희생을 통해 부단히 증가하는데, 이것이 점차 위협받고 있는 것이다. '상업'과 '상업적인 것'의 지배가 문학·예술비평·영화에 매일 크게 작용하고 있다. 특히 출판 집중화는 예술인과 비평으로 하여금 점점 더 즉각적인 이윤 추구에 직접적으로 굴복하게 하고, 출판인이나 공모자에게 보답으로 기회주의인 봉사를 강요한다. (즉 우리가 전위예술 생산자들에게 생산과 특히 분배의 수단을 하나도 제공하지 않는다면, 10년 후 유럽의 예술 영화가 남아 있게 될지 의문이다.) 사회과학은 국가나 기업 관리층에게 직접적인 이익이 되는 주문 연구에 봉사하거나, 혹은 (기회주의자들에 의해 중재된) 권력이나 돈의 제재로 쇠퇴하기도 한다.

만약 세계화가 무엇보다도 정당화될 신화라면, 그것이 실제가 된 경우가 있는데 바로 금융 시장이다. 세계화는 법적 규제의 철폐와 의사 소통의 비용을 줄이는 현대적 의사 소통의 개선을 위해서 동질적인 것을 의미하지 않는 단일 금융 시장을 지향한다. 이 금융 시장은 다른 경제 체제의 지배를 받는다. 즉 가장 부유한 국가들에 의해, 즉 그들의 화폐가 국제준비통화로서 사용되는 화폐에 의해 지배받는다. 이 국가들은 금융 시장 내에서 많은 개입의 자유를 갖고 있다. 금융 시장은 하나의 장인데, 지배 국가들, 특별히 이 경우 미국이 게임의 규칙을 대부분 정할 수 있는 위치를 점유하고 있다. 지배적 위치를 점유하고 있는 일부 국가들을 중심으로 한 금융 시장의 단일화는 개별 국가들의 금융 시장의 자율성을 축소시킨다. 우리가 역사적 필요성에 순종해야 한다고 말하는 프랑스 담당자들과 재정 관료들은, 이 필요성 주장에 공모하고 있다는 것과 그들에 의해 프랑스 정부가 주권을 포기하는 것이란 사실을 잊고 있는 것이다.

간단히 말해서 세계화는 동질화가 아니라, 반대로 소수의 지배적 국가들의 개별 국가 금융 전체에 대한 지배의 확장을 의미한다. 그로 인해 국제 노동 분업이 부분적으로 재편성되고, 예를 들어 값싼 인력 시장을 갖는 국가들로 자본과 산업이 이전하는 등 유럽 노동자들은 그 결과들을 부담하고 있다. 이 국제 자본 시장은 개별 국가 자본의 자율성을 축소시키는 경향을 갖는다. 특히 개별 국가들이 환율·금리를 조작하는 것을 금지시키고, 이것들은 점차 소수 국가의 손에 집중된 권력에 의해 결정된다. 국가 권력은 평가절하를 유발할 수 있는 대규모 자금을 가진 자들의 투기적 공격의 위험에 노출되어 있다. 좌파 정권들이 특히 명백하게 위협받고 있는데, 금융 시장의 의심을 야기시키기 때문이다. (IMF의 목표에 덜 일치하는 정책을 추진하는 우파 정권은 비록 IMF의 이상에 일치하는 정책을 실시한다 하더라도 이를 추진하는 좌파 정권보다는 덜 위험에 처한다.) 이처럼 구조적 제한을 가하는 것은 세계의 장의 구조로서 이 메커니즘에 숙명의 모습을 띠게 한다. 특히 국가의 정책은 금융 자본의 분배 구조(이것은 세계 경제의 장의 구조를 정의한다) 속의 그의 위치에 의해 크게 결정된다.

이런 메커니즘 앞에서 우리는 무엇을 할 수 있을까? 경제 이론이 수용하고 있는 암묵적 한계에 대해 우선 생각해 봐야 한다. 경제 이론은 우리가 사회적 비용이라고 부르는 정책 비용의 평가를 고려하지 않는다. 예를 들어 1970년 지스카르 데스탱 전 대통령이 결정한 주택 정책은 이후 그것의 결과로 보여지지 않을 장기적 사회 비용을 포함하였는데, 사회학자를 제외하고 누가 20년 후에 이 조치를 기억하겠는가? 누가 리옹 근교에서 발생한 1990년 폭동을 1970년의 정책 결정에 결부시키겠는가? 모든 비판적 사회 세력들은 경제적 계산에서 경제 결정의 사회 비용을 포함시키도록 주장해야 할 것이다. 무슨 정책이 장기적으로 해고·고통·질병·자살·알코올 중독·마약 복용·가정 폭력 등 돈과 정신적 고통으로 환산하면 매우 비싼 사회적 비용이 들게 할까? 매우 냉소적으로 보일지라도 나는 비판적 사회 세력들이 그들의 무기를 지배적 경제에 대항하는 쪽으로 돌려야 한다고 믿는다. 이해 관계의 논리에서도 엄밀한 경제적인 정책이 반드시 경제적이지 않다는 것, 즉 인적·재산적 불안정과 치안 유지 등을 상기시켜야 한다. 좀더 정확히 말해서 정의 혹은 건강, 이윤과 비용 등 모든 것을 개별화하는 경제적 관점을 근본적으로 문제삼아야 한다. 경제적 관점은 협의적이고 추상적인 정의를 갖는 효율성을 재정적 수익성과 묵시적으로 동일시하면서 효율성이 분명한 목표에 의존하고 있음을 잊고 있다. 오늘날처럼 주주와 투자가들을 위한 재정적 수익성, 혹은 고객과 이용자들의 만족, 혹은 더 넓게 생산자와 소비자의 만족과 동의는 더욱 가까워지며 점점 더 많아진다. 이 좁은 경제학과 근시안적 관점에 대항하여 **행복의 경제학**을 대립시켜야 한다. 즉 이 경제학은 (치안 유지와 같은) 행동과 연관된 개인적·집단적·물질적·상징적 모든 이윤을 취한다. 이것은 또한 실업과 불안정에 연관된 물질적·상징적 비용을 부담한다. (예를 들어 의약품 소비로서, 프랑스는 정신안정제 소비 세계 1위의 기록을 가지고 있다.) 우리는 **폭력의 보존 법칙**을 면할 수 없다. 즉 모든 폭력은 대가를 치른다. 예를 들어 해고와 임시고용 등 금융 시장에 가해지는 구조적 폭력은 다소 장기간에 걸쳐 자살·비행·범죄·마약 복용·알코올 중독과 크고 작은 일상적 폭력들로 그 대가를 치른다.

현 상황에서 지식인·노조·시민단체들의 비판적 투쟁은 우선적으로 국가의 소멸에 대항하는 데에 모아져야 한다. 개별 국가들은 밖으로는 금융 자본의 힘에 의해, 그리고 안으로는 이 금융 자본의 힘과 함께 공모하는 사람들, 즉 금융인들과 고급 재정 관료들에 의해 약해지고 있다. 나는 피지배자들이 특히 사회복지적 측면에서 국가를 옹호하는 데에 관심을 가져야 한다고 생각한다. 이 국가 옹호는 민족주의에 의해 영향을 받은 것이 아니다. 국민 국가에 대항하여 싸울 수 있다면, 국가가 이행하는 '보편적' 기능들을 옹호해야 한다. 이 기능들은 역시 초민족 국가에 의해 더 잘 이행될 수 있다. 독일연방은행(분데스방크)이 금리 조작을 통하여 다른 여러 나라들의 금융 정책들을 통치하는 것을 원치 않는다면, 국제 금융 경제의 세력에 비해 상대적으로 자율적이고 유럽연합 제도의 사회 정책적 측면을 발달시킬 수 있는 초국민적 국가 건설을 위해 싸워서는 안 되는가? 예를 들어 노동 시간의 단축을 목적으로 하는 정책이 유럽 기구에 의해 상정되고, 전체 유럽 국가들에 적용할 때 그 의미를 가질 뿐이다.

역사적으로 국가는 합리화의 추진 세력이었으나, 지배 세력에 봉사하는 것이었다. 이같은 현상을 피하기 위하여, 브뤼셀의 유럽의회 관료들에 대항하여 그들을 비난하는 것으로 충분치 않다. 위기의 시대에 모든 유럽 국가들을 다소간 위협받는 민족주의의 쇠퇴에 대항하여 적어도 유럽 지역 규모로 새로운 국제주의 연대를 탄생시켜야 한다. 금융 시장의 세력들을 통제할 수 있고, 유럽연합 차원에서 사회적 기득권의 후퇴 금지(독일인들은 **역행 금지**(Regrezionsverbot)라는 멋진 표현을 한다)를 도입하는 제도를 창설해야 한다. 이를 위해서 노조 기구들이 초국가적 수준에서 행동하는 것이 절대적으로 필수 불가결하다. 왜냐하면 거기에 서로 싸우는 경제 세력들이 있기 때문이다. 따라서 신자유주의에 진정으로 대항할 수 있는 진정한 비판적 국제주의의 조직적 기반을 만들도록 노력해야 한다.

마지막으로, 왜 지식인들은 이 모든 것에 대해 애매모호한 태도를 취할까? 나는 지식인들이 체제에 굴복하거나, 더 나아가 이에 협력하는 모든 형태들은 너무 길고 적나라한 것이라서 여기서 열거하지 않을 것이다. 나는 단지 소위 모던 혹은 포스트모던 철학자들의 논쟁을 말할 것이다. 그들은 방임주의에 만족하지 않고 사변적 놀음에 빠져서 이성과 이성적 대화의 언어라는 변명을 하고 있다. 혹은 더 나쁘게 소위 포스트모던이란 변종을 제시한다. 이것은 사실상 '급진적인 멋'으로서 이데올로기 종언의 이데올로기며, 거대 담론의 저주 혹은 과학에 대한 허무주의적 비난이다.

사실상 신자유주의 이데올로기 세력은 일종의 신다윈주의에 의존한다. 그것은 하버드대학교에서 말하는 바 '가장 우세하고 영리한 것들'이다. (노벨경제학자 베커는 다윈주의가 합리적 계산을 하는 경제행위자의 태도의 기본이라는 사상을 발전시켰다.) 지배자의 국제화의 세계주의적 관점 뒤에 능력 있는 철학이 있다. 이에 따르면 능력 있는 자들이 지배하고 일자리를 갖는데, 이는 직장이 없는 사람들은 능력이 없다는 것을 암시한다. **승자**와 **패자**, 즉 내가 '국가 귀족'이라고 부르는 귀족이 있는데, 이들은 중세적 의미로 귀족의 모든 속성들을 가지고 그들의 권위를 학력, 그들에 따르면 하늘이 부여한 재능 같은 지능에 둔다. 우리는 지능이 현실적으로 사회에 의해 분배된 것이고, 지능의 불평등은 사회적 불평등의 결과라는 것을 안다. 능력 이데올로기는 주인과 노예의 대립과 다소 유사한 대립을 정당화하기 위해 매우 편리한 것이다. 한쪽에는 전체와는 달리 능력을 갖추고서 매우 드문 고임금의 직업을 가지며, 고용주를 선택하는 시민들이 있다. (이에 반해 대부분 고용주에 의해 선택되는 사람들이 있다.) 이들은 남녀를 뛰어넘어 국제 노동 시장에서 고수입을 갖는다. (나는 매우 흥미있는 영국 논문을 읽었는데, 이에 따르면 이 비행기 저 비행기를 갈아타며 세계를 뛰어다니는 경영 간부 부부들이 평생 다 쓰지 못할 환상적인 고소득을 올린다.) 그리고 다른 한쪽에는 임시직과 실업에 처한 대다수 사람들이 존재한다.

막스 베버는 지배자들이 항상 '그들 특권의 신의론'이나 혹은 더 나아가 그들의 특권을 이론적으로 정당화하는 사회론을 필요로 한다고 말했다. 오늘날 능력은 이 사회론의 중심에 있다. 이 사회론은 분명히 지배자들의 이익에 의해, 그리고 그들과 다른 이들에 의해 받아들여지고 있다.[16] 노동에서 배제된 자들의 비참과 장기 실업자들의 비참에는 과거보다 더한 것이 있다. 앵글로색슨의 이데올로기는 부덕(不德)한 빈민과 **유덕한 빈민**을 구분하고 있다. 후자는 자선을 받을 가치가 있는 빈민

16) 피에르 부르디외, 〈지능의 인종 차별〉, 《사회학에 대한 질문》, 파리, 미뉘 출판사, 1980, 264-268쪽을 참조할 것.

을 말한다. 이같은 윤리적 정당화에 지적 정당화가 덧붙여져 이를 대체한다. 빈자들은 단지 부도덕하고 알코올에 중독된 타락한 자들이 아니라 어리석고 지능이 낮은 자들이다. 사회적 고통 속에는 대부분 교육 제도 관계의 비참함이 존재한다. 교육은 사회적 운명뿐만 아니라 빈자들이 이 운명을 받아들이는 이미지를 만든다. (이것은 아마 소위 피지배자의 수동성, 그들을 동원하는 어려움 등을 설명하는 데에 도움이 될 것이다.) 플라톤은 철학자·경비원·민중을 보는 우리 시대의 테크노크라트들이 갖고 있는 것과 유사한 사회관을 가졌다. 이것은 암묵적으로 교육 체계에 스며들어 있다. 매우 강력한 이 철학은 심오하게 내재화되었다. 왜 참여 지식인에서 '탈참여' 지식인으로 넘어가는가? 부분적으로 지식인층이 문화 자본의 소유자들이며, 비록 그들이 지배자층에 의해 지배되고 있다 하더라도 그들은 지배자층에 속한다. 이것이 그들의 양가성과 투쟁에 있어서의 느슨한 참여의 원인 중 하나이다. 그들은 이 능력주의 이데올로기에 혼돈스럽게 참여하고 있다. 그들이 저항할 때, 그것은 1933년 독일의 지식인 연합 같은 것이다. 왜냐하면 그들은 학위증으로 보증된 그들의 능력으로 당연히 대우받아야 할 모든 것들을 받고 있지 않다고 평가하고 있기 때문이다.

1996년 10월, 아테네

티에트메이어적 사고[17]

나는 '영혼의 부록'을 전하기 위해 여기에 있는 것이 아니다. 우리가 문화에 재개를 요구하는 사회 통합 관계의 단절은 정책, 다시 말해 경제 정책의 직접적인 결과이다. 우리는 흔히 사회학자들에게 경제학자들에 의해 깨어진 그릇을 손보아 주길 기대한다. 따라서 병원에서 일시적 치료법이라고 부르는 것을 제안하는 일로 만족하는 것 대신에, 질병 치료에 대해 의사의 공헌 문제를 제기하고 싶다. 사실상 대부분 우리가 우려하는 사회적 '질환'은 환자에게 적용하는 것인데, 이는 흔히 난폭한 의사에 의해 만들어질 수 있다.

이를 위해 아테네에서 취리히로 오는 비행기에서 읽은 인터뷰 기사인데, 독일연방은행 총재가 그 이상도 그 이하도 아닌 '독일 마르크 화폐의 대주교'처럼 나타나는 것이다. 나는 지금

---

17) 1996년 10월, 독일 프라이부르크대학교의 '문화적 문제로서의 사회 통합'이란 프랑스-독일 문화회의 때 발표문.

문헌학적 해석 전통으로 알려진 대학의 중심에 있기 때문에, 1996년 10월 17일자 《르 몽드》지에 전문이 있는 텍스트에 대한 일종의 해석학적 분석을 하고 싶다.

'독일 마르크 화폐의 대주교'가 한 말을 들어 보자. "지속적 성장에 유리한 조건들과 투자가들의 신임을 만드는 것이 오늘날 과제이다. 따라서 공공 예산 지출을 억제해야 한다." 이같은 말은 다음과 같은 문구로 더욱 명백해질 것이다. 그들 자신의 문화 투자 부담을 선호하는 투자가들을 안심시키기 위해 복지국가 실시, 그리고 무엇보다도 지출이 많은 사회 정책, 문화 정책을 가능한 빨리 버릴 것이다. 그들은 낭만주의 음악과 표현주의 미술을 좋아할 것으로 확신한다. 나는 독일연방은행 총재를 몰라도 트리셰 프랑스은행 총재는 틈틈이 시를 읽고 예술 후원을 한다고 생각한다. 다시 인용해 보자. "따라서 공공예산 지출을 억제해야 하고, 장기간 지탱할 수 있을 때까지 조세와 간접세의 수준을 낮춰야 한다." 이것은 투자가들이 장기간 유지할 수 있을 수준으로 조세와 간접세를 낮춤으로써 그들의 사기 저하를 막고, 한편으로 투자를 장려하기 위한 것이다. 계속 읽어보며 설명하자. '사회보장제도를 개혁하겠다'는 것은, **복지 국가**와 사회보장 정책을 버린다는 것이다. 투자가들의 신임을 잃고 그들에게 정당한 불신감을 야기시키는 것, 사실상 일부 그들의 경제 기득권(사회 기득권을 경제 기득권이라고 말할 수 있음)과 문화 자본은 노동자의 사회 기득권과 양립할 수 없는 것이다. 노동자들의 경제 기득권은 어떤 희생을 감수하더라도 분명히 보호되어야 한다. 미래의 유럽 대다수 시민들이 갖게 될 빈약한 경제적·사회적 기득권(1995년 12월에 **부자**와 **특권자**로서 생각하여 만듦)을 폐지시켜야 한다.

한스 티에트메이어는 투자가들의 사회적 기득권, 내가 말하는 경제 기득권은 사회보장제도가 지속되기 위해선 유지될 수 없다는 것을 확신한다. 따라서 이 체제는 **긴급** 개혁이 필요하다. 왜냐하면 투자가들의 경제적 기득권은 이를 기다리지 않기 때문이다. 내가 과장하지 않는다는 것을 증명하기 위해 한스 티에트메이어를 계속 인용하고자 한다. 그는 독일 관념철학의 큰 흐름에 속해 있는 고상한 사상가이다. "따라서 공공예산 지출을 억제해야 하고, 장기간 지탱할 수 있을 때까지 조세와 간접세의 수준을 낮춰야 한다. 사회복지제도를 개혁하는 것, 노동 시장에 대한 경직성을 타파하는 것은 우리가 노력해야만 이 같은 성장의 새로운 국면에 다시 도달할 것이다." '우리가 노력한다'는 놀라운 말은 '우리가 노동 시장의 유연성을 위해 노력한다면'이라는 뜻이다. 위대한 말이 나왔다. 나와 독일 관념론의 대전통에서 한스 티에트메이어는 오늘날 금융 시장에 대한 강의를 하는데, 완곡어법의 놀라운 예를 보여 주고 있다. 완곡어법은 투자가들의 신임을 지속적으로 유지시키기에 필수 불가결하다. 그것은 모든 경제제도의 알파와 오메가요, 기초이자 궁극적 목적이며, 미래 유럽의 지상 최대의 '목적인(目的因,

telos)' 이다. 동시에 완곡어법은 모든 노동자들의 불신과 절망을 피해 간다. 눈부신 성장의 새로운 단계에 오르려면 모든 것에 불구하고 절대 필요한 노동자들의 노력을 얻기 위해서 그들을 고려해야 한다. 왜냐하면 그들에게서 이러한 노력이 모든 것에도 불구하고 기대되기 때문이다. 비록 한스 티에트메이어가 결정적으로 완곡어법의 명인이 되어 다음과 같이 말한다 할지라도 그렇다. "노동 시장에 대한 규제를 완화시키는 것, **우리**가 노동 시장의 유연성을 위해 노력해야만 이같은 새로운 성장의 국면에 다시 도달할 것이다. 이 눈부신 수사학적 업적은 다음과 같이 번역될 수 있다. 노동자들이여! 용기를 가져라. **여러분**에게 요구되고 있는 유연성의 노력을 함께하자!"

달러화와 엔화의 관계에 있어서 냉정하게 유로화의 대외 평가에 대한 질문을 하기 전에 《르 몽드》의 기자는, 그 역시 투자가들을 실망시키지 않기 위해 고민을 한다. 그리고 훌륭한 광고주인 투자가들은 신문을 읽고, 한스 티에트메이어에게 투자가들의 언어 키워드에 의미를 제공할 것을 요구할 수 있을 것이다. 즉 그 의미는 **노동 시장에 대한 경직성과 노동 시장에 대한 유연성**이다. 노동자들이 《르 몽드》지를 자세히 읽는다면 이해하여야 할 것을 즉시 이해할 수 있을 것이다. 즉 그것은 야간 노동, 주말 노동, 불규칙적 근무 시간표, 증가하는 압력, 스트레스 등이다. 우리는 '노동 시장에서' 라는 말이 일부 말들에 결부될 수 있는 일종의 웅장한 형용사로서 기능하는 것을 본다. 그리고 한스 티에트메이어의 언어의 탄력성을 측정하기 위해, 우리는 금융 시장의 유연성과 경직성의 예를 들어 말할 수 있을 것이다. 한스 티에트메이어의 언어 속에서 이런 이상한 언어 사용은, 그의 생각으로는 '금융 시장의 경직성을 타파하는 것' 혹은 '금융 시장의 유연성을 위해 노력하는 것'은 문제될 것이 없음을 가정하게 한다. '우리가 노력한다면'의 '우리'를 믿게 하는 것과는 반대로 생각하도록 하는 것은 이 유연성의 노력을 요청받은 노동자들뿐이다. 그리고 다음 문구에 포함되어 있는 협박에 가까운 위협을 받는 것도 노동자들이다. "우리가 노동 시장의 유연성을 위해 노력해야만 이같은 새로운 성장의 국면에 다시 도달할 것이다." 이것은 명쾌하게 다음과 같이 말하는 것이다. "항상 투자가들의 신임을 잃지 않기 위해, 내일 '우리'에게 가져다 줄 성장의 이름으로 '당신'의 사회 기득권을 놓으라." 언젠가 노동자들에게 드골주의를 가져다 줄 참여 정치를 요약하자면, 노동자들에게 잘 알려진 논리는 다음과 같다. "당신이 나에게 당신의 시계를 준다면, 나는 당신에게 시간을 알려 주리라."

이런 논평 다음에 나는 마지막으로 한스 티에트메이어의 말을 읽는다. "지속적 성장에 유리한 조건들과 투자가들의 신임을 만드는 것이 오늘날 과제이다. 따라서(여기서 '따라서'를 주목하라) 공공예산 지출을 억제해야 하고, 장기간 지탱할 수 있을 때까지 조세와 간접세의 수준을 낮춰야 한다. 사회복지제도를 개혁하는 것, 노동 시장에 대한 경직성을 타파하는 것은 우리가 노동 시장의 유연성을 위해 노력해야만 이같은 성장의 새로운 국면에 다시 도달할 것이다.” 특이한 이 연설을 의식하지 못한 채 지나가고, 일간지의 일상적 기사의 덧없는 운명처럼 나타난다면, 그것은 우리 같은 대다수 독자의 '기대 지평'에 완전히 들어맞기 때문일 것이다. 그리고 그것이 어떻게 널리 퍼진 '기대 지평'이 만들어지고 퍼지게 되었는지 알아보는 질문을 제기해야 한다. (왜냐하면 수용 이론에 덧붙일 최저한도는, 나는 그 신봉자가 아니지만 이 '지평'이 어디에서 비롯되는지를 묻는 것이기 때문이다.) 이 지평은 사회적 혹은 더 나아가 정치적 작업의 산물인 것이다. 한스 티에트메이어의 강연 용어들이 매우 쉽게 받아들여진다면, 그 용어들이 도처에 돌아다닌다는 뜻이다. 그런 용어들은 통화의 유통처럼 입에서 입을 거쳐 도처에 있다. 사람들은 머뭇거리지 않고 이 용어들을 받아들인다. 이 용어들을 마치 확실히 안정적이고 강력한 통화처럼, 즉 안정적이고 신뢰와 신용 가치가 있는 도이치 마르크 통화처럼 사용한다. 그것은 다음과 같은 용어들이다. '지속적 성장' '투자가의 신뢰' '공공예산' '사회보장제도' '경직성' '노동 시장' '유연성' 등, 그리고 여기에 '세계화'를 덧붙여야 할 것이다. (역시 아테네에서 취리히로 가는 비행기에서 내가 다른 신문을 읽어서 알게 된 것인데, 세계화란 용어가 광범위하게 퍼진 표지로서, 요리사들도 프랑스 요리를 옹호하기 위하여 '세계화'를 말하고, '유연화' '금리 인하'를 말하며, 정확하게 지시하지 않은 채 '경쟁력' '생산성' 등의 용어를 사용한다.)

경제학처럼 보이는 이 용어 사용의 담론들은 그것의 전파자들 내에서 순환될 수 있을 뿐이다. 이는 통속적 경제학이 잘못 만든 용어들을 일반화시키는 유통에 참가할 수 있을 정도로 충분한 피상적인 경제학 지식을 가진 정치인, 언론인, 일반 시민 여러 무리의 사람들의 협력하에 유통된다. 매체의 반복이 생산하는 효과의 한 지표는 티에트메이어의 기대에 앞서가는 언론인들의 질문들이다. 질문에는 대답을 만드는 대답들이 미리 많이 담겨져 있다. 그같은 수동적 공모를 통하여 점차 소위 신자유주의 세계관이 강요된다. 이것은 사실상 보수적이고, 다른 시대의 믿음에 의존한다. 또한 이것은 개별 생산자들의 경쟁적 의지 이외의 다른 규제 없이 생산력의 우위에 기초한 역사적 불가피성 속에 있다. 내 세대의 많은 사람들이 마르크스주의적 숙명론에서 신자유주의적 숙명론으로 쉽게 옮아간 것은 우연이 아니다. 이 두 가지 경우 정치를 무력화시키거나 최대 성장 · 경쟁력 · 생산성 등 일련의 목표를 부과하면서, 경제는 책임 소재가 불분명하고 동원이 불가능해진다. 독일연방은행 총재를 사부로 생각하도록 하는 것은 그같은 철학을 받아들이는 것이다. 놀랄 만한 일은 이 숙명론적 메시지가 해방의 메시지의 색채를 띤다는 것이다. 이는 자유 · 해방 · 규제 완화 등의 관념을 둘러싼 모든 언어 유희를 통해, 그리고 모든 완곡어법을 통해,

혹은 용어의 이중 게임(예를 들어 '개혁'이란 용어)을 통해 모든 보수 혁명의 논리에 따르면 혁명 같은 복고를 소개할 목적을 갖는다.

　마지막으로 한스 티에트메이어 연설의 핵심 단어, **시장에 대한 신뢰**로 돌아가자. 모든 권력이 위치한 앞에서 역사적 선택을 조명하는 장점을 갖고 있다. 시장에 대한 신뢰와 민중의 신뢰 간에 선택을 해야 한다. 시장 신뢰를 지키려는 정책은 민중의 신뢰를 잃게 될 상황에 처한다. 정치인들을 보는 태도에 대한 최근 여론 조사에 따르면, 응답자의 3분의 2가 정치인들은 프랑스인들이 생각하는 것을 듣고 고려할 능력이 없다고 비난한다. 국민은 특히 극우 정당인 국민전선당 당원들을 자주 비난하는데(국민은 이 당의 놀라운 신장을 개탄한다), 일순간도 국민전선당과 국제통화기금과의 관계를 생각하지 않는다. (정치인들에 대한 불신은 18-34세의 젊은층과 노동자·종업원, 그리고 공산당과 국민전선당 지지자들에게서 특히 컸다.) 사회당 지지자 가운데 64퍼센트에 달하는 불신도는 모든 정당의 당원들보다 상대적으로 높은 것이다. 이것은 국민전선당의 상승과 무관하지 않은 결과이다. 만약 시민들의 불신과 관련하여 모든 희생을 감수하고, 금융 시장을 신뢰하고 이를 살리려면, 아마 여기서 질환의 근원을 더 잘 볼 수 있을 것이다. 몇몇 예외를 제외하고 경제학은 경제적인 것과 사회적인 것(후자가 경제주의를 정의한다) 사이에 절대적으로 정당화할 수 없는 단절에 기초한 추상적 학문이다. 이같은 단절은 '질서와 경제 안정'을 유지하기 위한 목적만 갖고 있는 모든 정치적 좌절의 원인이다. 티에트메이어는 이 새로운 절대자의 사악한 사제 역할을 한다. 이 좌절은 일부 사람들의 정치적 맹목이 이끈 결과이며, 우리가 그 대가를 치르고 있다.

1996년 10월, 프라이부르크

연구자, 경제학과 사회 운동[18]

1996년 12월, 사회 운동은 그 규모나 특히 목표에 있어서 유례없는 운동이었다. 이 운동이 광범위한 프랑스 국민층과 국제 시민들에 의해 지극히 중요한 의미로 여겨졌다면, 그것은 사회 투쟁에 완전히 새로운 목표들을 도입했기 때문이다. 혼동스럽게도 처음 계획의 형태에서는 진정한 사회 계획을 제시하였는데, 이는 집단적으로 확인되고, 지배적 정치에 의해, 그리고 정치 제도나 담론 생산의 기구에서 현재 권력을 잡고 있는 보수적 혁명에 의해 강요된 것과 대립할 수 있는 것이었다.

총집결과 같은 계획에 연구자들이 기여할 수 있는 것을 나에게 물어볼 때, 이 보수 혁명의 문화적·이데올로기적 차원을 발견하면서 나는 그들의 참가가 필요함을 확신하였다. 12월 운동이 광범위한 국민적 지지를 받았다면, 그것은 특별한 한 사회 계층의 것이 아닌 전체 사회의 사회 기득권의 방어처럼 보

---

18) 1996년 11월 23-24일, 파리에서의 사회 운동 총집결대회 개회 발언.

여겼기 때문이다. 비록 특별한 한 사회 계층이 운동의 첨병이었다 할지라도 그 계층이 특별히 타격을 받았기 때문이다. 이 사회적 기득권은 노동·공교육·대중교통 등 모든 공공의 것과 국가에 관련되어 있는 것이다. 이 국가라는 제도의 필요성은 우리가 믿기 원하는 바와는 달리 반드시 고리타분하지도, 퇴행적이지도 않다.

이 운동이 프랑스에서 일어났다는 것은 우연이 아니다. 역사적 이유가 있는 것이다. 그러나 연구자들을 놀라게 하는 것은, 이 운동이 프랑스에서 예기치 않은 다른 형식인 전환적 형식으로 추진되고 있다는 것이다. 장거리 트럭 운전사들은 이런 형식의 운동을 생각했을까? 유럽에서는 이 운동이 스페인에서, 그리고 그리스에서는 몇 년 전부터 전개중이다. 독일은 프랑스 운동에 영향을 받았고, 그 근친 관계를 공공연하게 강조한다. 그리고 한국에서의 운동은 상징적·실천적 의미를 갖는 이유로 더 중요하다. 이같은 연쇄적 투쟁은 이론적 특히 실천적 통합을 모색하는 것처럼 나에게 보인다. 프랑스 운동은 신자유주의와 새로운 보수 혁명에 대항하는 세계적 투쟁의 전위대로서 간주될 수 있다. 이는 상징적 차원이 매우 중요하다. 한편 나는 모든 진보 운동의 취약점 중 하나는 이 차원을 과소평가하고, 투쟁에서 적절한 무기를 찾지 않는다는 사실이다. 사회 운동은 커뮤니케이션 자문가와 텔레비전 자문가 등을 이용하는 적들에 비해 몇몇 상징적 혁명에서 지체하고 있다.

보수 혁명은 이론으로서 실시할 수 있는 과학적 태도로 신자유주의를 주장한다. 마르크스로부터 출발하는 많은 이론들의 이론적·실천적 결함의 하나는 이론의 효율성을 고려하는 것을 잊어버리는 것이다. 우리는 이런 실수를 범해서는 안 된다. 이론으로 무장한 적들과 싸우기 위해 문제는 지적이고 문화적인 무기로 맞서는 것이다. 이같은 투쟁을 하기 위하여 노동 분업에 있어서 일부는 다른 사람들보다 잘 무장되어 있다. 왜냐하면 그것은 그들의 직업이기 때문이다. 그리고 그들 중 일부는 일할 준비가 되어 있다. 그들이 무엇을 제공할 수 있을까? 우선 일부 권위이다. 12월에 정부 편을 지지했던 사람들을 어떻게 부를 것인가? 이 전문가들은 경제학자의 지식의 4분의 1도 사용하지 않았다. 이 권위의 효과에는 권위 효과를 대립시켜야 한다.

그러나 그것이 전부가 아니다. 학문적 권위의 힘은 매우 큰 것으로서 사회 운동에 영향을 주고, 노동자들의 양심에까지 영향을 미친다. 그 권위는 탈도덕화의 형식을 만든다. 그 힘 가운데 하나는 그들 사이에 동의가 있는 것처럼 보이는 사람들이 지니고 있다. 합의는 일반적으로 진실의 표시이다. 또한 권위는 가장 강력한 기구에 의존하는데, 오늘날 이 사상은 특히 수학이다. 소위 지배 이데올로기의 역할은 아마 오늘날 수학을 일부 사용하는 것이다. (이것은 분명히 좀 지나치다. 그러나 합리화 작업이 오늘날 수리경제학에서 가장 강력한 도구가 되었다는 사실——흔히 정당화할 수 없는 것들을 정당화하는 근거를 제공하는 사실——에 주목하는 하나의 방법이다. 단순히 보수주의적 사상에 순수 이성의 옷을 입히는 이 이데올로기에, 이유·논거·반론·증명, 즉 과학적 작업으로 대항하는 것이 중요하다.)

신자유주의 사상의 힘 가운데 하나는, 일종의 '존재의 대사슬'처럼 나타난다는 것이다. 오래된 신학적 은유처럼 극한점에 신이 있고, 일련의 사슬고리를 통하여 가장 저급한 현실에까지 이어진 것이다. 난해한 신자유주의 세계에서는 가장 높은 신의 자리에 수학자들이 있고, 낮은 자리에 **정신**의 이데올로기가 존재한다. 후자는 경제에 대해 잘 모르나 조금 아는 기술적 전문 용어를 번지르르하게 사용하는 덕분에 그가 조금 아는 것을 믿게 할 수 있다. 이 강력한 사슬은 권위의 효과를 가지고 있다. 열렬한 지지자들 가운데에서조차 본질적으로 사회적인 일부 세력과 이론에 대해 의구심이 있다. 이론은 트리셰와 독일연방은행 총재 티에트메이어, 다른 칼럼니스트들의 발언에 권위를 제공한다. 이것은 논증의 연쇄가 아니라 권위의 사슬이다. 즉 수학자부터 은행원, 은행원부터 철학-기자, 그리고 칼럼니스트부터 신문기자에까지 이어지는 현상이다. 또한 이는 돈과 모든 경제적·사회적 이득, 국제적 인사 초빙과 존경이 순환되는 수로(水路)이다. 우리 사회학자들은 그들을 비난하지 않으면서 이 체계망을 분해하고, 어떻게 이 사상의 순환이 권력의 순환에 의해 기초가 되는지 보여 줄 수 있다. 권력의 지위를 얻기 위해 이데올로기적 봉사로 이와 교환하는 사람들이 있다. 예를 들어야 할 것이나, 그 유명한 '전문가 서명'의 명단을 주의 깊게 읽어보는 것만으로 충분할 것이다. 사실상 흥미로운 점은, 비록 가짜 토론에 2명씩 출연하는 것을 텔레비전에서 자주 본다 하더라도 고립적으로 연구하는 정상적인 사람들간에, 그리고 재단·단체·잡지 등 간에 은폐된 관계가 백일하에 드러난다는 것이다.

이 사람들은 경제 경향을 결정하는 데 필요한 합의, 숙명론적 담론의 형식에 집단적으로 행동한다. 한편 사회 법칙, 경제 법칙 등은 그대로 작동하게 내버려둘 때 작동한다. 만약 보수주의자들이 자유방임의 편에 서면, 그것은 일반적으로 경향의 법칙이 자유방임을 간직하고, 현상 유지를 위해 자유방임이 필요하다는 것이다. 우리가 계속 말하고 있는 금융 시장의 법칙들은 그것이 현실화되기 위해서는 자유방임이 필요한 보수의 법칙이다.

논리를 전개하고 논증하며, 특히 섬세하게 가다듬어야 할 것이다. 지금까지 내가 말한 것을 다소 단순화시킨 점을 사과한다. 사회 운동에 관해서는, 그것이 존재하는 것으로 만족할 수 있을 것이다. 그것은 이처럼 충분히 귀찮은 일들을 만들고 있기에 정당화를 만들라고 요구할 수 없다. 사회 운동에 참여하는 지식인들에게 당장 물어보자. "무엇을 제안하는가?" 우리는 프로그램의 함정에 빠지지 않는다. 이를 위해 당파와 기구들이 충분히 존재한다. 우리가 할 수 있는 것은 반대 프로그램을 만드는 것이 아니라 연구자·행동가·행동가 대표 등과 연계하면서 집단적·상호 학문적·국제적 연구 기구를 만드는 것이다. 그들은 운동에 있는 사람들과 연합하여 특별히 효율적인 방식으로 연구와 반성의 그룹에 참여할 수 있다. 왜냐하면 그것이 그들의 직업이기 때문이다.

일부 역할들을 단번에 배제하는 것이 있다. 연구자들은 동반자들이 아니다. 즉 서명에 이용하자마자 버리는 인질·보증인·꼭두각시·알리바이가 아니다. 지적 세계에서는 통할 수 없는 지적 겉모습을 한 권력의 사회 운동에서 활동하는 당관료가 아니다. 교훈을 주는 전문가도, 전문가를 반대하는 전문가도 아니다. 그들은 사회 운동과 그 앞날에 대한 모든 질문들에 대답하는 예언가들도 아니다. 그들은 이같은 제도의 기능을 정의하는 것을 도울 수 있는 사람들이다. 혹은 여기에 있는 사람들은 대변인으로서 참석한 것이 아님을 상기해야 할 것이다. 판에 박은 말, 행동 강령, 당파적 습관은 휴대품 보관소에 맡기고 자신의 생각과 논점을 갖고 토론과 연구의 장소에 시민 자격으로 온 것이다. 이것은 항상 쉽지 않은 일이다. 운동으로 되돌아갈 위험이 있는 당파적 습관들 가운데에도 위원회의 신설이 있고, 흔히 미리 준비된 종합적 결의안들이 있다. 사회학자는 어떻게 집단이 기능하고, 집단이 기능 법칙을 피하기 위해 어떻게 이를 이용하는지 보여 준다.

연구자와 운동원 간의 새로운 의사 소통 형식의 개발이 필요한데, 그것은 그들 사이에 새로운 노동 분업이다. 연구원들이 보통 사람보다 틀림없이 더 잘할 수 있는 임무들 가운데 하나는 언론의 집중 공세에 대항하여 싸우는 것이다. 우리는 하루 종일 모든 발언들을 다 들었다. 우리는 '지구촌' '세계화' 등의 말들을 듣지 않고는 라디오를 틀 수 없다. 겉으로는 아무렇지 않은 말들이지만 이를 통하여 숙명론과 복종을 의미하는 모든 철학과 모든 세계관이 전해진다. 이런 말들을 비난하면서 언론의 집중 공격을 막을 수 있다. 즉 권위 효과를 물리치고, 절대적으로 중요한 역할을 하는 텔레비전의 지배와 싸우기 위해, 특별한 저항의 무기를 갖추도록 비전문가들을 돕는 것이다. 오늘날 우리는 텔레비전과 혹은 그에 대항한 특별한 투쟁의 계획을 갖지 않고는 사회 투쟁을 이끌어 갈 수 없다. 나는 파트릭 샹파뉴의 책, 《여론 형성》[19]을 다시 인용한다. 이 책은 일종의 정치적 투쟁의 교본이 될 것이다. 이 투쟁에서, 언론 지식인들에 대항하는 투쟁은 중요하다. 나로서는 이 사람들은 크게 걱정할 일이 아니고, 글을 쓸 때 나는 결코 이들을 생각하지 않는다. 그러나 이들은 정치적 관점에서 매우 중요한 역할을 하고 있다. 이들의 행동을 저지하기 위하여, 일부 연구자들이 투쟁의 형식에서 한편으로 자신들의 시간과 역량을 할애하는

---

19) P. 샹파뉴, 《여론 형성 *Faire l'opinion*》, 파리, 미뉘 출판사, 1993.

것을 받아들이는 것이 바람직하다.

다른 목표는 상징적 행동의 새로운 형식을 만드는 일이다. 이 점에서 나는 사회 운동이 약간의 역사적 예외가 있지만 늦었다고 생각한다. 파트릭 샹파뉴는 그의 책에서 기자들의 흥미를 끄는 방식을 아는 조그만 시위보다 어떻게 일부 대규모 집회가 신문과 텔레비전에서 작은 자리를 차지하는지를 보여 준다. 분명히 기자들과 싸우는 문제가 아니다. 기자들 역시 문화 생산의 모든 직업에서 일어나는 검열의 효과로 불안정한 상황에 처해 있다. 그러나 우리가 말하고 행동할 수 있는 것의 상당 부분이 기자들이 말하는 것에 의해 걸러진다는 사실, 즉 없어진다는 사실을 아는 것이 중요하다. 여기서 내가 말하려고 하는 바를 포함해서 그렇다. 그러나 나의 이런 말은 그들의 기사에서 취급되지 않을 것이다.

마지막으로, 문제의 하나는 반성적인 것이다. 이 위대한 말은 근거 없이 이용되지 않는다. 우리는 답을 창조하기뿐만 아니라 답을 창조하는 방식을 창조하기 위한 목표를 갖고 있다. 이는 투사적 운동의 이의 제기적 활동과 그 조직의 형식을 창조하기 위한 것이다. 우리 연구자들이 꿈꿀 수 있는 것은 우리 연구의 일부분이 오늘날 항상 그렇듯이 버려지지 않고 사회 운동에 유용하게 하는 것이다. 왜냐하면 그것은 기자와 적대적 논평가 등에 의하여 해석되고 왜곡되어지기 때문이다. '행동하는 이성' 같은 집단의 경우처럼 우리는 새로운 표현의 형식을 창조하길 원한다. 이것은 행동가들에게 최첨단의 연구 성과들을 전해 준다. 그러나 이것은 역시 연구자들에게 언어와 정신 상태의 변화를 전제한다.

사회 운동 얘기로 돌아와서 내가 조금 전 말한 바와 같이 우리는 전환적 운동(벨기에의 학생과 교수 파업, 이탈리아 파업 등), 신자유주의 제국주의에 대항한 투쟁, 그 가운데 대체로 알려지지 않은 투쟁들에 관심이 있다. (이들은 일부 원리주의 형식처럼 항상 공감되지 않는 형식을 취할 수 있다.) 따라서 적어도 국제적 정보를 통일시키고 이를 유통시켜야 한다. 소비에트 제국주의에 의해 가로채이고 방향이 비틀어진 국제주의 연대를 재창조해야 한다. 즉 이론의 형식과 전투가 일어나는 수준에 위치할 수 있는 실천의 형식을 창조해야 한다. 대부분의 지배적 경제 세력들이 세계적·초국가적 차원에서 작용한다는 것이 사실이라면 빈 공간, 즉 국가간 투쟁의 장소가 존재하는 것도 역시 사실이다. 이론적으로 비어 있는 것은 사고하지 않았기 때문이며, 이 장소는 실질적으로 점령당하지 않았다. 적어도 유럽의 차원에서 새로운 보수 혁명을 막을 수 있는 진정한 국제적 조직 세력이 없기 때문이다.

1996년 11월, 파리

새로운 국제주의 연대를 위하여[20]

유럽 민족은 오늘날 역사적 전환점에 있다. 사회 투쟁, 노동자의 존엄을 위한 지적·정치적 투쟁의 수세기에 걸친 성과들이 직접적으로 위협받고 있기 때문이다. 전 유럽 도처에서 한국에까지 여기저기 목격되는 운동들은 겉보기에 진정한 협조 없이 독일·프랑스·그리스·이탈리아 등으로 이어지고 있다. 이 운동들은 특정한 정책에 대항하는 의미에서의 저항을 뜻한다. 정책은 분야와 국가에 따라 다양한 형태를 띠는데, 그럼에도 불구하고 항상 같은 의도를 갖고 있다. 그것은 문명의 가장 고귀한 성과들 가운데 사회 기득권을 파괴하려는 것이다. 이는 세계를 보편화하고 이해하는 것. '세계화'와 경제·사회적 개발도상국 간의 경쟁이란 변명 대신에 세계화하는 것이다. 사회 기득권들을 옹호하는 것보다 더 자연적이고 정당한 것은 없다.

---

20) 1997년 6월 7일, 프랑크푸르트·헤센에서의 **DGB**(프랑스노동조합연맹) 3차 포럼에서의 발언.

일부는 보수주의 혹은 고대주의 형식처럼 나타나길 원한다. 칸트 혹은 헤겔, 모차르트 혹은 베토벤 같은 인류의 문화적 자산의 옹호를 보수주의로 단죄할 것인가? 내가 말하는 사회 기득권은 노동권·사회보장으로서 이들의 획득을 위해 남녀 모두가 고통받고 싸워 온 것들이다. 이것들은 고귀한 성과들이다. 게다가 이들은 단지 박물관·도서관·대학교에 남아 있는 것들이 아니라, 사람들의 생활 속에서 살아 작동하며 매일 그들의 존재를 규정한다. 이것이 왜 내가 그들 앞에서 마치 물의를 일으키는 느낌처럼 그 어떤 것을 증명하지 않을 수 없는지의 이유이다. 그들은 가장 난폭한 경제 세력과 협력하는 자들이고, 유럽과 기타 지역의 모든 남녀의 기득권을 옹호하는 자들을 단죄하려고 한다. 한편 후자는 때때로 '특권' 처럼 묘사되는 기득권을 옹호하는 전자들을 비난한다.

수개월 전 내가 티에트메이어에게 내민 도전장은 흔히 오해되고 있다. 그것은 잘못 던져진 질문에 대한 대답처럼 이해됐기 때문이다. 그 질문은 정확하게 티에트메이어가 주장하는 신자유주의적 사상의 논리 속에 던져졌기 때문이다. 이 관점에 의하면, 유로화 창조에 의해 상징화된 화폐 통합이 유럽 정치 통합에 필수적 전제이고 필요충분조건이라고 인정하는 것이다. 다른 말로 하자면, 유럽 정치 통합이 경제 통합을 필수적으로 불가피한 결과로 이끌 것임을 믿는 것이다. 이것이 의미하는 바는 통화 통합 정책에 반대하는 것, 그리고 티에트메이어처럼 통합 옹호자들에게 반대하는 것은 겉으로는 정치적 통합을 반대하는 것처럼, 즉 '반유럽'처럼 보이는 것이다.

그러나 그럴 리가 없다. 문제가 되는 것은 국가의 역할이다. (국민 국가들은 현재 존재하고 있는데, 유럽 국가를 창설하는 것이 문제이다.) 특히 사회 권리의 보호 차원에서 그 자신 방치된 경제의 냉혹한 메커니즘에 대해 유일하게 대항할 수 있는 것은 국가이다. 우리는 티에트메이어가 말하는 하나의 유럽에 대항할 수 있다. 이 유럽은 하나의 유럽을 위해서 금융 시장의 중개소로 기능하고, 정치에 의해 시장의 제동 없는 폭력을 억지하게 될 것이다. 그러나 우리가 준비하는 이같은 은행 유럽 정책은 아무런 희망을 갖지 않게 한다. 우리는 화폐 통합이 사회 통합을 보장한다는 것을 기대할 수 없다. 다른 가맹 국가들의 희생으로 유로 통화 지역에서 경쟁력을 간직하려는 국가들이 사회보장 지출을 줄이고, 임금 비용을 낮출 수밖에 없다는 것을 우리는 안다. 임금과 **사회보장 덤핑**, 노동 시장의 '유연화'는 환율에 개입할 가능성을 갖고 있는 국가들에게 주어질 것들이다. 이 메커니즘 효과에 항상 '임금 억제'를 설파하는 독일연방은행과 그 지도자들처럼 '금융 당국'의 압력이 틀림없이 가해질 것이다. 유일하게 유럽 사회복지 국가가 금융 경제의 **분열적** 행위를 막을 수 있을 것이다. 그러나 티에트메이어와 신자유주의는 경제의 자유로운 기능에서 단순 장애로 보는 국민 국가를 원치 않고, 하물며 하나의 은행으로 축소시키는 초국가적 국가도 원치 않는다. 그들이 국민 국가들(혹은 유럽연합국가 관료회의)을 없애고 그들의 권한을 박탈하길 원하면, 그것은 분명히 초국가적 국가를 창조하는 것이 아님은 명백하다. 초국가적 국가는 모든 희생을 무릅쓰고 특히 사회 정책에 있어서 증가된 권한과 규제를 함께 행사하게 될 것이다.

그러므로 우리는 유럽의 정책적 통합에 전혀 적대적이지 않으면서 오로지 단일 화폐 위에 세워진 유럽의 통합에 적대적일 수 있다. 오히려 반대로 유럽중앙은행을 통제할 수 있는 유럽 국가의 창설을 호소한다. 좀더 정확히 말해서 전적으로 화폐적 차원으로 축소된 통합의 사회적 효과들을 미리 알고 통제하는 것이다. 신자유주의 철학에 따르면, 시장의 조화스런 기능에 방해가 되는 사회복지 국가의 모든 흔적들을 사라지게 한다.

국제(특히 유럽 내) 경쟁이 '퇴행 금지'라고 부르는 **유일한 나라에서** 장애가 된다는 것은 확실하다. 그것은 노동 시간의 단축과 경제 발전으로 보여진다. (노동 시간의 단축이 예상되는 생산성의 증대로 인해 부분적으로 재정 보충이 되고, 실업 구제하기 위해 지출되는 상당한 액수를 절약하게 된다는 사실에도 불구하고 그렇다.) 존 메이저는 이것을 알고 냉소적으로 경고했다. "노동 시간 단축으로 당신은 사회복지를 갖게 될 것이고, 우리는 고용이 증가할 것이다." 프랑스로 일부 기업을 이전하기 시작한 독일 경영주들이 이해한 것처럼, 프랑스는 사회적 권리들의 파괴가 상대적으로 더 '진전'되었다. 사실상 경쟁이 본질적으로 유럽 내이고, 독일 노동자들에게 일을 내주는 사람이 프랑스 노동자들이라면, 그리고 그 반대로라면, **유럽 국가들의 대외 교환의 거의 4분의 3이 유럽 공간 내에서 이루어지는 경우이다.** 즉 이같은 조치가 유럽 차원에서 결정되고 시행되는 조건하에 임금 감소 없이 노동 시간의 축소 효과는 매우 약화될 것이다.

새로운 테크놀로지의 수요와 투자 진작 정책도 마찬가지이다. 비전문가들이 되풀이하는 것처럼 불가능한, 혹은 실패할 정책이 한 국가 내에서 추진되는 한 유럽 대륙의 단계에서는 합리적이 될 것이다. 그리고 더 일반적으로 행복의 진정한 경제학의 원리에 의해, 특히 인간 행위의 모든 활동과 비활동, 물질적·상징적 모든 이익과 비용을 감당할 수 있다. 간단히 말해서, 사회적 기득권을 파괴하는 금융 체제 유럽에 사회복지 유럽을 대립시키는 것이 필요하다. 후자는 각 나라 노동자들이 **사회적 덤핑**을 통하여 다른 나라 노동자들에게 가하는 위협을 무력화시킬 수 있는 다양한 유럽 국가의 노동자간의 동맹 위에 기초한다.

이같은 전망에서 단순하고 추상적인 목표에서 벗어나기 위해서는 새로운 국제주의를 창출하는 것이 필요하다. 이 과제는 첫번째로 노동조합 조직이 떠맡아야 한다. 그러나 국제주의는 전통적 형식에서 소비에트 제국주의에 종속되어 신용을 잃었을 뿐만 아니라 노조 구조가 대내적(국가에 연결되어, 국가에 의한 산물이다)이고, 서로 다른 역사적 전통에 의해 분리됨에 따라 큰 장애에 직면한다. 예를 들어 프랑스는 정부에 대해 약한 노조 전통을 갖고 있는 반면, 독일은 노사가 강한 자율성을 가지고 있다. 마찬가지로 사회복지제도는 조세로 재원 조달하는 영국부터 갹출금으로 운영되는 독일과 프랑스에 이르기까지 그 형식에 따라 상당히 다양하다. 그러나 유럽연합 차원에서는 거의 아무것도 존재하지 않는다. '유로화 지킴이들'이 전혀 관심을 두지 않는 소위 '사회복지적 유럽'은 몇 개의 큰 원칙으로 축소된다. 즉 예를 들어 '사회 기본권 공동 헌장'은 최소한의 기준을 정하는 것으로, 이것의 이행은 가맹국의 재량에 맡겨두었다. 마스트리히트 조약의 부록 문서인 사회복지 원형은 노동 조건, 노동자의 정보 제공과 협의, 남녀간 기회 균등의 조건 분야에서 지침을 다수결로 채택할 가능성을 본다. 유럽 '노사'는 집단 협정을 협의할 권리를 갖는데, 이것이 유럽각료회의에서 채택되면 법으로 효력을 발생할 것으로 예상된다.

모든 것은 매우 좋다. 그러나 그러한 협정을 유럽 경영자에게 강제할 능력이 있는 유럽 사회 세력은 어디에 있는가? 유럽 노조연맹 같은 국제 기구들은 조직화된 경영주에 직면하면 약하다. (예를 들어 이들은 제도 밖에서 노동총동맹(CGT) 같은 일부 노조에 의존한다.) 역설적으로 이들은 사회 권리라 할지라도 거의 항상 유럽연합 관련 공동 기구(관료)에게 해결의 우선권을 준다. 투쟁에 있어서 유럽연합적 협력은 매우 늦다. 노조들은 주요 갈등들이 발생하게 놔두었다. 35시간제 요구 독일 파업처럼 사태는 유럽 차원에서 각국에 파급되지 않았다. 1995년말에서 1996년초 프랑스와 유럽 각국에서는 긴축 정책과 공공 서비스 철폐 등에 반대하는 대집회들이 있었다. 지식인들은 지배적 담론의 대변자가 아니어서 특히 독일에서 침묵하였다.

어떻게 노조·지식인·일반 시민 차원에서 새로운 국제주의 연대의 기초를 창조할 것인가? 우리는 서로 배타적이지 않은 두 가지 가능한 행동 양식을 구별할 수 있다. 우선 시민 동원이 있다. 이 경우 지식인들의 특별한 기여를 전제한다. 동원 해제는 부분적으로 동원 의지 상실의 결과이기 때문이다. 이것은 있는 사실 그대로 알리지 않는 논평가와 기자들의 지속적인 '선전' 행위에 의해 결정적인 영향을 받는다. 시민 동원의 성공에는 사회적 배경이 존재한다. 나는 단지 교육제도에 대한 관계의 변화 효과를 말하려고 한다. 즉 그것은 교육 수준의 향상, 학력·학위의 평가절하, 그 결과 구조적 분류 불가능, 학생과 단순노동자 간의 구별 약화이다. (노년층과 청년층 간, 안정된 취업자와 불안정한 취업자 혹은 프롤레타리화된 노동자 간의 구별은 여전히 존재한다. 그러나 예를 들어 경제 위기를 맞아 교육된 노동자의 자녀들을 통해 그 구별의 실제 관계가 새로이 만들어진다.) 그러나 역시 특히 사회 구조의 변화가 있다. 독일에 널리 퍼진 거대한 중산층 신화에 반하는 사회 불평등의 증가가 있다. 즉 투자 수익의 총액이 60퍼센트 증가한 반면, 임금노동 수입은 변하지 않았다. 이 국제적 동원의 행위는 사상 투쟁의 중요한 지위를 전제한다. (즉 '노동자 지상주의'의 전통과 단절하는 것인데, 이 전통은 특히 프랑스에서 사회 운동을 방해해 왔고, 사회 투쟁에서 지적 투쟁의 정확한 지위를 부여하는 것을 금지해 왔다.) 특히 영국이나 미국 등에서 완전 고용에 관한 허위 통계, 신화 등 지배 기구와 어용사상가들이 생산하고 선전하는 표상을 비판하는 사상 투쟁이다.

초국가적 사회복지 국가를 촉진할 수 있는 국제주의 연대를 위한 두번째 참여 형식은 국민 국가들을 통한 행동인데, 현재로서는 미래에 대한 전체적 전망이 결여되어 유럽국가 공동체의 전체 이익을 관리할 수 없다. 한편으로 국민 국가에 연결되어 있는(프랑스처럼 국가의 힘이 더 셀수록 흔히 더 중요하고 아비튀스 안에서 더 깊게 뿌리내린) 역사적 기득권들을 옹호하고 강화하기 위해 국민 국가들에 대한 행동이 필요하다. 다른 한편으로 다양한 국민 국가들의 가장 발전된 사회 기득권들을 축적하면서, 이 국가들이 유럽 사회 국가의 창건을 위해 노력하도록 하는 것이 필요하다. (보육원·학교·병원은 증설하고, 군대·경찰·교도소는 감축해야 한다.) 자유 경쟁이 임금노동자들에게 가져올 사회적 결과들을 막기 위한 사회적 조치 노력에 단일 시장을 종속시키도록 해야 한다. (여기서 스웨덴의 예를 본받을 수 있다. 스웨덴은 경제·사회 정책의 협력이 우선이라면서 재협상까지 유로화의 유입을 밀어냈다.) 사회 단결은 화폐의 동일만큼 중요한 목표이다. 사회적 조화는 진정한 화폐 동맹의 성공 조건이다.

사회적 조화를 이루고 그것으로 단결을 원한다면, 지금까지 경제적 지표에 둔 같은 엄격성의 고민을 갖고(재정 적자의 3퍼센트를 넘는 그 유명한 마스트리히트 조약 수치처럼) 절대 전제 조건을 즉각 협상에 올려야 할 것이다. 즉 (지역간 격차를 고려하여 권역별로 차등을 둔) **최저임금**의 결정이란 일부 공동 목표를 정해야 한다. 그리고 공공 지출의 재정 기여를 감소시키고, 간접적으로 과도한 노동 과세를 야기하는, **부패와 탈세 재정을 저지하는** 조치를 강구하는 것이다. 그리고 직접적인 경쟁 관계에 있는 활동간에 **사회적 덤핑을 금지하는** 것이다. 또한 변화의 과정에서 지역 차등을 수락할 **공통의 사회적 권리**를 제정하는 일이다. 그러나 그것이 존재하는 곳에서는 이를 통일시키면서 사회 정책을 통합하고, 그것이 없는 곳에서는 이를 만들어 발전시키는 목표를 갖는 것이 필요하다. 예를 들어 직장이 없고 다른 수입도 없는 사람들을 위한 최저임금을 정하고, 노동에 부과되는 과세를 경감하고, 연수 같은 사회 권리를 증진시키고, 취업과 주거 권리를 강구하고, 광범위한 유럽 사회복지제도를 확산시키고 보편화시키기 위해 대외 정책을 개발하는 것이다. 즉 전체 이익에 일치하는 **공동 투자 정책**의 개념을 적용하는 일이다. 전적으로 사변적인 재정 활동의 자율화의 결과인 투자 전략을 반대하는 것이다. 이런 전략은 고용 감축이 우수한 경영의 결과이고 수익성을 보장한다는 믿음처럼, 단기적 이익만을 고려하거나 전체 이익에 전적으로 반(反)하는 전제에 기초하고 있다. 따라서 부존 자원과 환경을 보호하고, 교통과 에너지의 유럽간 망(특히 생태학적 도시 교통수단)을 개발하고, 공공 주택을 증설하고, 도시 재개발을 하는 전략을 주로 사용해야 한다. 국민 건강과 환경 보호를 위한 연구 개발 투자, 그리고 다소 위험성이 있지만 지금까지 알려지지 않은 새로운 금융 형식을 취하여 새로운 활동(소기업, 개인사업)에 대한 재정 지원을 하는 일이 필요하다. 나는 여기서 이브 살레스가 제시한 일부 제안을 인용한다.[21]

겉보기에 이것들이 분산된 조치들을 모은 단순한 카탈로그처럼 보이는 것은 신자유주의 사상의 숙명론과 단절하려는 의지, 정치화하면서 '탈숙명화' 하고, 신자유주의로 중립화된 경제를 행복의 경제학으로 대체하는 의지가 있기 때문이다. 이행복의 경제학은 인간의 창의력과 의지에 기초하고, 고통 분담을 계산하고 자기 실현의 이익을 주기 위한 것으로서, 이는 생산력과 수지성만을 생각하는 편협한 경제주의적 문화가 전혀 고려하지 않는 점이다.

유럽의 장래는 독일의 진보 세력(노동조합 · 사회민주당 · 녹색당)의 비중에 달려 있다. 그리고 독일연방은행과 독일 정부가 옹호하는 '강한' 유로화 정책에 반대하는 의지와 능력의 크기

---

21) 《바벨탑 건설, 초유럽을 위한 제안》, 파리, 펠랭 출판사, 1997.

에 달려 있다. 오늘날 유럽 여러 국가들, 특히 프랑스에서 표현되고 있는 유럽 정책의 방향 전환을 위한 운동을 활성화하는 그들의 노력에 달려 있다. 간단히 말해서 '금융 시장' 혹은 '세계화'의 메커니즘처럼 당신의 운명이 초월적·독립적·무차별적 힘의 손아귀에 있다는 것을 설득하려는 불행의 예언자들에 반대하여, 나는 당신을 설득할 희망을 갖고 확신한다. 당신의 미래가 우리의 미래이고, 모든 유럽인들의 미래이며, 독일인으로서 그리고 노조원으로서 당신에게 이 미래가 달려 있다는 것이다.

1997년 6월, 프랑크푸르트

우리에게 무책임을 선포한 책임자들[22]

우리에게 공약했던 것을 상기할 때, 우리는 우리가 선출한 모든 '책임자들'에 대해 주저하고 망설이게 된다. 우리는 그들이 허락하는 국가 인종 차별주의를 많이 본다. 오늘도 나의 친구 중 하나인 알제리계 프랑스인은 나에게 자기 딸의 얘기를 해주었다. 대학에 재등록하려고 갔을 때 직원이 아랍 발음이 나는 딸의 이름을 한번 흘깃 보더니 아주 자연스럽게 딸의 서류와 신분증명서인 여권을 요구했다고 한다. 이같은 생각할 수 없는 모든 구박과 치욕을 끝내기 위하여, 수년 전부터 국민전선당(FN)의 외국인 혐오주의에 큰 양보를 한 위선적인 입법과 분명히 단절을 해야 한다. 물론 파스쿠아와 드브레 법을 폐지하고, 특히 모든 정치인들의 위선적인 말들을 끝장내야 한다. 그 정치인들은 유대인 추방에 있어서 프랑스 관료층의 논의가 있

---

22) 프랑스 국적과 외국인 프랑스 입국과 체류에 관한 기구와 슈베느망의 법안에 대한 1997년 10월 8일, 《Les Inrockuptibles》지에 실린 반론이다.

을 무렵, 조금 전 내가 말한 대학교 직원 같은 심한 외국인 혐오의 충동 표현을 실질적으로 허락한 사람들이다. 이런저런 법마다 장점을 비교하는 대법률 토론에 참여하는 것은 아무 도움이 되지 않는다. 법을 간단하게 전면적으로 폐지하는 것이 필요하다. 그 법은 존재 자체로서, 상하급 공무원들이 물론 아무에게나 그런 것은 아니지만 외국인들에게 의심의 눈길을 던짐으로써 야기하는 차별적 행위들을 합법화하기 때문이다. 매순간 시민 자격을 증명하기 위해 시민이 무엇을 해야 하는가? (알제리계 프랑스 부모 다수는 나중에 성가심을 피하기 위해 그들의 아이에게 무슨 이름을 지어 줄지 고민한다. 내 친구 딸을 차별했던 그 공무원은 그녀가 '멜라니' 라고 불리는 데에 의외의 표정을 지었다.)

나는 법이 인종 차별적이라고 말한다. 위 경우처럼 어떤 공무원이든지 얼굴이나 성(姓)을 한번 보고 시민 자격을 묻는 것을 오늘도 수천 번 법이 허용하고 있다. 조스팽 내각이 이끄는 정부에서 검은 얼굴, 아랍 이름 등 인종적 낙인이 한두 가지 있는 사람을 비난할 수 없는 기구를 지향하는 프랑스 국가 공무원들에게서 찾아볼 수 없다는 것은 유감스럽다. 그리고 나는 슈벤느망 장관이 법과 사회 풍조를 구별하고, 이런 사회 풍조를 조장하는 법을 존재하게 했음을 기억한다. 나는 오늘날 침묵하거나 무관심하다가 30년 후 '뉘우침' 을 표현할 사람들을 골똘히 생각하고 있다. 그리고 알제리계 프랑스 젊은이들이 켈칼을

산보할 날을 기다린다.

1997년 10월, 파리

불안정 취업은 오늘날 도처에 있다[23]

이 대회장에서 이틀 동안 있었던 집단 토론은 매우 특이했다. 정치·행정 책임자, 노조원, 경제·사회 연구원, 흔히 불안정한 노동자, 실업자 등 전혀 만나 본 적이 없고 부딪힌 적이 없는 사람들을 연결시켰기 때문이다. 나는 아직 토론되지 않았던 몇몇 문제들에 대해 언급하고 싶다. 첫번째는 암묵 속에 배제된 지식인 모임이다. 모든 논의는 결국 어디로 가는가? 좀더 거칠게 말해서 모든 이 지적 토론들은 무슨 소용이 있는가? 역설적으로 이 질문에 대해 가장 불안해하는 사람, 혹은 이 질문이 가장 불안하게 하는 사람은 연구원들이다. 그들은 직접 이 질문을 접한다(아마 이처럼 잘한다). (나는 특히 여기 참석한 경제학자들을 생각한다. 그들은 가장 적은 직업 대표들이고, 사회 현실 혹은 목전의 현실에 걱정하는 사람들로서는 가장 드물다.) 난

---

23) 1997년 12월 12-13일, 그레노블에서의 '고용 불안정에 대항한 유럽대회' 때 발언.

폭하게 동시에 소박하게, 질문은 연구자들에게 책임을 상기시
킨다. 그들의 침묵이나 적극적인 공모에 의해 적어도 그들이 경
제 질서 기능의 조건인 상징 질서의 유지에 기여할 때 그 책임
은 매우 클 수 있다.

오늘날 불안정 취업이 도처에 산재해 있다는 것은 분명해 보
인다. 민간뿐만 아니라 공공 부문에서도 임시직을 늘려 가고,
공업 생산 부문에서뿐만 아니라 문화 생산과 보급·교육·언
론·미디어 등 제도에서도 항상 거의 같은 효과만 산출한다.
이는 실업자와 같이 극단적 경우에서 특히 가시화된다. 생활의
구조가 파괴되고, 세계·시간·공간 등 모든 관계가 악화된다.
불안정 취업은 심각하게 그것을 겪는 남성 혹은 여성에게 영향
을 준다. 미래를 불안하게 하고, 모든 합리적 기대를 금하며,
특히 미래에 대한 최소한의 믿음과 희망도 금지한다. 따라서
특히 최악의 현재에 대해 집단적으로 저항하여야 한다.

불안정 취업은 직접적으로 사람에게 타격을 주는 효과 이외
에 겉으로 보기에 안정적인 모든 직장에도 영향을 준다. 그것
은 결코 잊혀지지 않는다. 그것은 어느 순간에나 모든 머릿속
에 있다. (자유주의 경제학자들은 제외한다. 왜냐하면 그들의 이
론적 적들 중 하나가 지적했듯이, 아마 그들이 그들을 불안정에서
벗어나게 만드는 지위, **정년보장제도** 같은 종류의 보호주의의 혜
택을 보기 때문이다.) 불안정 취업은 무의식과 의식을 사로잡는
다. 고등 학력자의 초과 생산 때문에 상당한 취업예비군이 존

재하게 되었는데, 이들은 단지 능력과 기술적 자질이 낮은 수준에서는 일을 찾을 수 없다. 이들의 존재는 노동자로 하여금 하나도 대체할 자리가 없고 그의 일과 직장이 일종의 특권, 깨지기 쉽고 위협받을 수 있는 특권이란 느낌을 주는 데 기여한다. (한편 노동자가 부르는 사람은 첫번째 과오에서는 고용주를, 그리고 첫번째 파업에서는 기자와 모든 종류의 논평가들이다.) 객관적 불안정은 일반화된 주관적 불안정에 기초한다. 이것은 오늘날 고도로 발달한 경제의 중심부에 전 노동자들과 아직 직접적으로 영향을 입지 않은 사람들에게 영향을 끼친다. 이같은 종류의 '집단 심성'(내가 그리 좋아하지는 않지만 이해를 시키기 위해 나는 이 용어를 사용한다)은 모든 시대의 공통이고, 저개발국에서 관찰할 수 있는 사기 상실과 동원 불능의 원인이다(내가 1960년대 알제리에서 연구한 것처럼). 저개발 국가는 비고용과 저고용의 높은 비율과 지속적인 실업의 굴레에 사로잡혀 있다.

실업자와 불안정 취업 노동자들은 미래에 그들의 능력에 도달할 수 있기 때문에 전혀 동원될 수 없다. 그들에게 미래는 경제적 계산, 혹은 다른 차원에서 정치적 조직부터 시작하는 소위 모든 합리적 행위의 조건이다. 역설적으로 내가 《알제리의 노동과 노동자들》[24]에서 제시한 바와 같이 혁명적 계획을 고안하기에는, 즉 현재를 변혁시키는 이성적 야심을 생각하기에는 내 책은 가장 오래되었으면서도 아마 가장 시사적이다. 현재에 대해 최소한의 고려가 필요하다. 하층 프롤레타리아와 달리 프롤레타리아는 현재 최소한의 보장과 안전을 누릴 때, 미래의 도움으로서 현재를 변화시키는 야심을 갖는 것이 필요하다. 그러나 지나가면서 말하자면 누구나 지킬 것이 있고 잃어버릴 것, 즉 직장(비록 보수가 적고 나쁘다 하더라도)이 있다. 수많은 그의 행동들은 가끔 너무 신중하거나 혹은 너무 보수적인 것처럼 묘사되고, 더 낮은 지위로 떨어질 것, 하층 프롤레타리아로 전락하는 것을 두려워하고 있는 표시이다.

오늘날 많은 유럽 국가에서처럼 실업률이 최고에 도달할 때, 그리고 불안정 취업이 노동자 · 상공업 종업원 · 기자 · 교원 · 학생 등 전 인구의 상당한 부분에 영향을 미칠 때 노동은 어떠한 희생을 치르더라도 원하는 귀한 것이 된다. 그리고 노동자들은 고용주에게 감사하게 된다. 고용주들은 우리가 매일 볼 수 있듯이 그들에게 주워진 권한을 마음대로 남용한다. 일을 잡기 위한 경쟁은 노동자간 경쟁의 두 배이다. 이 노동자간 경쟁은 다시 일을 잡기 위한 경쟁의 형식이 된다. 해고의 협박에 대항하여 때때로 어떠한 희생을 치르더라도 지켜야 한다. 이 경쟁은 가끔 기업간 경쟁만큼이나 야만적이다. 이는 만인의 만인에 대한 진짜 투쟁의 원리로서 인간의 모든 연대와 인간성의

---

24) P. 부르디외, 《알제리의 노동과 노동자들》, 파리-헤이그, 무통 출판사, 1963(A. 다르벨 · J. -P. 리베 · C. 자이벨과의 공저).
부르디외, 《60년대 알제리. 경제 구조와 시대 구조》, 파리, 미뉘 출판사, 1977.

가치를 파괴하고, 때때로 직접적인 폭력을 야기한다. 우리 시대의 남과 여를 특징짓는 냉소주의를 개탄하는 사람들은 이를 조장하고 요구하며 보상하는 경제·사회적 조건의 관련을 잊어서는 안 된다.

불안정 취업은 이에 해당하는 사람들에게 직접적으로 영향을 준다(동원되지 못하는 상황에 처하게 한다). 그리고 불안정 취업을 두려워하는 모든 다른 사람들에게 간접적으로 영향을 준다. **불안정화** 전략이 그 유명한 '유연성'의 도입으로 체계적으로 이용된다. 이 전략은 경제적 이유만큼 정치적 이유에서 발상된 것이라고 이해할 수 있다. 우리는 의심하기 시작한다. 불안정 취업은 그 유명한 '세계화'와 동일시되는 **경제적 숙명성**의 산물이 아니라, **정치적 의지**의 산물이다. '유연한' 기업은 이것이 강화하는 불안전한 상황을 고의적으로 이용한다. 기업은 노동자가 일자리를 잃어버릴 상시적인 위험에 처하게 하면서 비용 감소를 추구하고, 이를 가능케 할 방법을 찾는다. 모든 공공·민간 체계의 물질 및 문화 생산은 이렇게 광대한 불안정 취업 과정 속에 포함된다. 지금까지 한 국가나 한 장소에 국한된 **기업의 탈속지화**도 그 예이다(디트로이트나 토리노 같은 자동차 산업 도시). 대륙과 전 지구적 규모에서 생산 단위, 기술 지식, 통신망, 원거리 연수 등을 연결하면서 소위 '기업망'은 점차 분절되어 간다.

자본의 이동성을 용이하게 조직하면서 노동 비용이 적은 최저임금 국가로 향한 '이전'은, 노동자간 경쟁을 세계적 차원으로 확대한 것이다. 경쟁 영역이 다소 엄격하게 국내로 한정된 국내 기업(나아가 국영화된 기업)이 해외 시장을 점유할 것이고, 다국적 기업에 자리를 양보할 것이다. 이 다국적 기업은 경쟁 상대로 그들의 동포뿐만 아니라 정치선동가들이 믿게 하길 원하는 것처럼 국내에 유입된 외국인들과 경쟁하게 만든다. 외국인들은 사실상 불안정 취업의 첫번째 희생자들이다. 지구의 반대측에서 온 노동자들은 비참한 임금을 받도록 구속된다.

불안정 취업은 새로운 유형의 **지배 양식**이다. 이는 항시적이고 전체적인 불안전 상태의 제도 위에 기초한다. 이 제도는 노동자들을 복종하도록 강제하고 착취를 수락하게끔 하는 목표를 가진다. 이는 그 효과에도 불구하고 근원부터 야만적 자본주의와 매우 가깝게 닮아 유례가 없었으며, 이런 지배 양식의 특징을 표현하기 위해 어떤 이는 **탄력적 착취**라는 매우 적절하고 표현력 있는 개념을 제시하였다. 이 용어는 이런 불안전의 합리적 행위를 잘 표현한다. 이는 특히 생산 공간의 조작을 통하여, 가장 발달한 사회 기득권을 축적하고 노조가 가장 잘 조직화된(이는 국가 역사와 영토와 결부된 성과임) 국가들의 노동자들과 사회적으로 덜 발달된 국가들의 노동자들 간에 경쟁을 일으킨다. 그리고는 그 자신들을 정당화하는 자연스럽게 보이는 메커니즘을 통하여 저항을 부수고, 복종과 순종을 얻는다. 불안정 취업이 생산하는 이 특징들은 점차 '성공한' 착취의 조건이다. 이 조건은 점차 많아지면서 일하지 않는 사람들과 점차 줄어들며 점차 더 많이 일하는 사람들 사이의 분리 위에 기초한다. 따라서 일종의 사회적 성격으로 비탄력적 법에 지배받는 경제 체제로서 나타난 것은 실제로 **정치 체제**이다. 이는 순수한 정치˙권력의 능동적 혹은 수동적 공모로써 세워질 수 있을 뿐이다.

이 정치 체제에 대항하여 정치 투쟁은 가능하다. 그것은 우선 자선적 혹은 투쟁적 자선의 행위처럼 목적이 될 수 있다. 그것은 착취의 희생자, 현재적·잠재적 불안정 취업자들을 불안정 취업의 탈구조 효과에 대항하여 공동으로 싸우게 한다. (그들을 생활하고 지속하게 도와 주고, 그들의 존엄을 지키고 탈구조화를 저항하게 도와 주며, 인격 파괴나 자존심의 타락과 소외에 저항하게 도와 준다.) 그리고 불안정 취업화의 정책 효과가 발현할 **국제적 규모**로 동원하는 것을 도와 준다. 이 정책과 싸우기 위해 다양한 국가의 노동자들간에 세워진 목표인 경쟁을 중립화시킨다. 그러나 이는 또한 낡은 투쟁의 논리에서 노동자들을 벗어나게 할 수 있다. 이는 노동 요구와 최고임금에 기초하여 이것이 허락하는 노동과 착취(혹은 **탄력적 착취**)의 굴레에 갇히게 한다. 이것은 노동의 재분배(유럽 차원에서 주당 노동 시간의 대폭 단축을 통하여)를 통한 생산 시간과 재생산 시간, 휴식과 여가 사이의 분리할 수 없는 재분배를 의미한다.

협소한 계산적·이기주의적 관점을 버리는 것으로부터 시작해야 하는 혁명이다. 이런 관점은 행위자를 좁은 의미에 있어서의 경제적 문제들과 문제들을 해결하는 계산자로 환원시킨다. 경제제도가 기능하기 위해서는 노동자들이 거기에 그들이 갖고 있는 생산과 재생산의 조건들을 가져다 주어야 한다. 또한 경제제도 그 자체의 기능 조건들을 주어야 한다. 즉 기업·노동·노동의 필요성 등에 대한 신뢰로부터 시작해야 한다. 경제 기능에 감춰진 모든 경제·사회적 생산의 책임성을 암묵적으로 놓아둔 채 정통 경제학자들이 그들의 추상적이고 협소한 계산에서 배제한 것들이 많다. 그들은 그 책임이 개인에게 있다고 생각하거나, 혹은 역설적으로 그들이 파괴를 설파하는 국가에게 있다고 생각한다.

1997년 12월, 그레노블

실업자 운동, 사회 기적[25]

이 실업자 운동은 독특하고 평범하지 않은 사건이다. 신문과 방송에서 길게 싫증나도록 하는 것과는 반대로, 이 **프랑스적 예외**는 우리가 자랑스럽게 생각할 수 있는 것이다. 모든 과학적 연구들은 사실상 실업이 실업자를 파괴하고, 그들의 방어와 전복적 성향을 무력화시킨다는 것을 보여 주었다. 이같은 숙명성이 역전될 수 있다면, 그것은 이 운동을 격려하고 지지하며 조직한 개인과 단체들의 지칠 줄 모르는 수고 덕분이다. 나는 좌파 정치인들과 노조원들이 조종을 비난하는 것이 의외라고 생각하지 않을 수 없다. (신생 노조에 대한 19세기 경영주의 연설을 돌이켜보게 된다.) 오히려 그들은 여기서 투사적 행동의 노력을 인정해야 할 것이다. 그들도 잘 알고 있듯이 이런 일이 없이는 사회 운동과 닮은 운동이 전혀 일어나지 않을 것이기 때

---

25) 1988년 1월 17일, 노동자들에 의해 파리고등사범학교가 점거당했을 때 한 발언.

문이다. 나로서는 그들의 기업이 종종 나에게 절망적으로 보인 것 이상으로 그들의 공헌에 전적으로 경의와 감사를 표한다. 여기 사회 운동 총결집대회에 참가한 노조와 단체는 이 **사회적 기적**의 구성을 가능하게 한 사람들의 모임이다. 우리는 그들의 노력과 성과를 다 보여 주기에 시간이 부족할 정도이다.

이 운동의 첫번째 성과는 운동 그 자체이고, 그 자체의 존재이다. 이 운동은 점점 증가하고 있는 실업자, 불안정 취업자들을 막막함과 고립과 침묵, 한마디로 비존재로부터 구출한다. 실업자들은 백일하에 다시 나타나서 그들처럼 실직을 보통 망각과 수치로 돌리는 모든 남녀들에게 존재와 일부 자부심을 회복시켜 준다. 그러나 그들은 특히 경제·사회 질서 기초의 하나는 대량 실업이고, 직장을 갖고 있는 모든 사람들을 억누르는 위협이란 것을 상기한다. 이기주의적 운동에 갇히지 않고, 그들 자신이 실업자라고 하더라도, 그들은 최저소득수급(RMI)자들간의 차이를 말한다. 실업보험 권리가 끝나거나 다른 가입단체의 특별수당을 받는 실업자들의 차이는 실업자와 불안정 취업자들 간의 차이와 근본적으로 크게 다르지 않다. 우리가 잊어버리거나 잊게 하는 근본적 현실은 실업자들의 '직종별' 요구(우리가 이렇게 말할 수 있다면)를 배타적으로 강조하면서 그들을 분리하고, 특히 그들 가운데 잊기 쉬운 가장 불안정한 취업자들을 분리하는 것이다.

게다가 실업과 실업자는 노동과 노동자를 망령처럼 괴롭힌다. 공업·상업·교육·연극·영화 등 분야에서 임시직과 기간 계약직 노동들을 실업자들과 분리할 정도로 큰 차이가 있다 할지라도, 그들은 실업의 공포와 그들에게 가해질 해고의 위협 아래 산다. 불안정 취업은 해고의 협박에 기초한 지배와 착취의 새로운 전략을 가능케 한다. 해고는 오늘날 공기업이나 사기업의 모든 지위에 해당되고, 노동계 전체를 억누르며, 특히 문화 생산 산업에서 동원과 투쟁을 불가능하게 하는 압살적 검열이다. 노동 조건의 전반적 악화는 실업에 의해 가능해지고 조장된다. 이것이 왜 많은 프랑스인들이 실업자들처럼 투쟁을 공감하고 연대를 말하는지 우리가 막연하게 알고 있는 이유이다. 그것은 동원 불능의 주원인을 구성하는 실업자들을 동원하는 것이 정치적 숙명론과의 단절에 가장 큰 힘이 된다고 말장난하지 않고 말할 수 있는 이유이다.

프랑스 실업자 운동은 역시 전 유럽의 실업자와 불안정 취업자들에 대한 요청이다. 사회 변혁적인 새로운 사상이 출현하였다. 이것은 각 국가의 사회 운동들이 붙잡을 수 있는 투쟁의 도구가 될 수 있다. 실업자들은 모든 노동자들에게 그들의 이해(利害)가 실업자들의 이해와 연결되어 있다는 것을 상기시킨다. 실업자들의 존재가 노동자들과 그들의 노동 조건에 심대한 영향을 미치는 정치적 산물인 것이다. 국경을 뛰어넘을 수 있는 동원이 필요하다. 국경은 각 국가 내에서 노동자와 비노동자를 분리하고, 다른 한편으로는 같은 국가 내의 전체 노동자와 비

노동자를 다른 국가의 노동자와 비노동자와 구분한다. 국경을
초월한 동원은 비노동자가 다소간 불안정한 취업을 한 불확실
한 '특권'을 가진 자들을 침묵과 분노로 비난하는 정책을 저지
할 수 있다.

1998년 1월, 파리

부정적 지식인[26]

알제리 난민을 수용하기 위하여 수년 동안 매일 거기서 일을 했던 사람들이 있다. 그들은 난민들의 말을 들어 주고, 이력서 작성을 도와 주고, 관청 수속을 해주고, 법원에 데려가고, 행정 기관에 편지를 써주고, 대표단의 일원으로 해당 기관에 가고, 비자 신청과 체류 허가를 신청하는 등 1993년 6월부터, 최초의 살인 사건 때부터 동원되었다. 가능한 한 원조와 보호뿐만 아니라, 복잡한 현실에 대한 정보를 주고 이해하고 이해시키기 위해 그들은 지칠 줄 모르고 싸웠다. 집회 발언, 기자회견, 신문 기사 등을 통하여 알제리 위기를 일면적 관점에서 보는 것을 저지하였다. 각국의 지식인들은 무관심 혹은 외국인 배척주의와 싸우기 위해 단결하였다. 일부에 의해 고의적으로 계획된 오해를 풀고 세계의 복잡성을 존중할 것을 상기시켰다. 그러나 지식인들은 세 가지 운동에 있어서 그들의 노력이 파괴

---

26) 1998년 1월에 작성된 미발표 글.

되고 수포로 돌아갈 수 있음을 발견하였다.

알제리 당국 혹은 군대에 의해 감시당하고 보위된 여행에서 쓴 두 편의 글은 프랑스 주요 일간지에 게재될 것이다. 이 글들은 단조로움과 실수로 가득 차고 단순한 결론으로 향한 것으로서, 피상적 동정심에 만족하고 인도적 분개로 위장한 인종 차별적 증오에 만족하고 있다. '원리주의자' 의 열광자를 거쳐 통합주의적 자유주의자에서 기회주의적 환경보호주의자에 이르는 정치인들과 미디어 인텔리겐치아를 다시 모으는 만장일치적인 회의가 있었다. 중립을 포장한 완전히 일방적인 텔레비전 방송 프로그램이었다. 결판은 났다. 바늘은 원점으로 돌아갔다. 부정적 지식인은 자신의 임무를 완수했다. 누가 살육자·강간자·암살자와 연대를 표명하겠는가? 특히 다른 역사적 배경의 설명 없는 '이슬람 광신도' 란 이런 자들을 지칭한다. 이들은 이슬람 원리주의로 포장하고, 모든 동양적 열광으로 응축하여 윤리적·세속적 정당성에 이의가 없는 곳에 인종 차별적 멸시를 준다.

역시 희화적 언어로 문제를 제기하기 위해서는 큰 지식인이 될 필요가 없다. 이 상징적 경찰의 작전 지휘자가 되기 위해서는 지식인 정의의 반대 명제로만 하면 된다. 한편 지식인은 권력으로부터 자유, 사회 통념 비판, 단순한 양자택일 분쇄, 문제의 복잡성 존중, 행동적 지식인으로서 투신 등으로 정의된다.

그러나 모든 종류의 사람들이 완벽하게 이같은 것들을 추구한다 하더라도, 이런 세력과 1백 번이라도 부딪히기 위해 자신의 질서와 수단을 갖고 행동을 다시 시작할 것이다. 이 행동은 산만하고 가벼운 보고서에 의해 분쇄될 위협을 항상 받는다. 혹은 성공한 경우 반박과 부인에 초점을 맞춰 글을 쓸 기회주의자들과 늦게 가담한 자들에 의해서도 위협받는다. 그들의 주장은 미디어의 그칠 줄 모르는 흐름에 덮여진다. 실업자 운동이 보여 주었듯이 매우 실망한 노동의 끝은 때때로 정치의 '예술을 위한 예술'로서 나타난다. 우리는 시시포스의 돌을 되돌리지 않고 장기적으로 조금 진보할 수 있다.

그동안 그들에게 권력을 가져다 준 사회 운동을 무력화시키는 데 능란한 정치적 '책임자들'은 수천 명의 '불법 체류자'들을 기대 속에 살게 하거나, 그들이 도피한 국가(알제리가 될 수 있음)로 대책 없이 추방하기를 계속하고 있다.

1998년 1월, 파리

신자유주의, (실현 도중에 있는) 끝없는 착취의 유토피아

지배적 담론이 원하는 것처럼 경제 세계는 정말로 순수하고 완전한 질서인가? 즉 그것은 완벽하게 예측 가능한 결과들의 논리대로 흘러가는가? 자동적인 제재에 의해, 혹은 더 예외적으로 IMF나 OECD 같은 무장 기구에 의해 논리를 위반하는 모든 결함들을 억압하는가? 이 기구들이 강요하는 철저한 정책들은 노동력 비용 감소, 공공 지출의 축소, 노동의 유연화이다. 그리고 현실적으로 유토피아의 실현 과정이라면, 신자유주의는 **정치적 프로그램**으로 변환한다. 그러나 이 유토피아는 그가 요구하는 경제 이론의 도움으로 현실에 대한 과학적 기술처럼 생각되기에 이르는가?

이 수호 이론은 그 기원이 상당한 추상화에 기초한 하나의 수학적 허구이다. (불가피한 추상화의 권리를 옹호하는 경제학자들이 믿기 원하는 것처럼, 이 이론은 모든 과학적 조작의 구성처럼 신중하게 현실의 선택적 대상 구성의 효과로 환원되지 않는다.) 이 이론은 개인 합리성과 동일시된 좁은 의미의 합리성의 개념 이름 아래, 합리적 성향(특히 신자유주의 관점의 기초인 경제에 적용된 계산 성향)의 경제·사회적 조건을 포괄한다. 그리고 경제 사회 구조는 이론의 적용, 좀더 정확히 말해서 이 성향과 구조의 생산 및 재생산의 조건이다. 제외 조치를 주기 위해, **그 자체로서** 고려되지 않았던 하나의 교육 제도를 생각하는 것으로 충분하다. 교육이 재화 및 서비스 생산과 생산자의 생산에서 결정적인 역할을 하는 시대이다. 경제학자 왈라스 신화에 있는 원초적 과오로서 경제 분야의 모든 결함과 과오가 나타난다. 그리고 경쟁과 효율에 기초한 순전히 경제적인 논리와 형평의 규칙에 따르는 사회 논리 간에 자의적 대립에 집착하는 숙명적인 고집이 나타난다.

원초적으로 탈사회화되고 탈역사화된 이 이론은 오늘날 경험적으로 증명할 수 있는 **진실화하는** 수단을 갖고 있다. 사실상 신자유주의 담론은 다른 담론들 같은 담론이 아니다. 정신의학적 담론의 방식대로, 어빙 고프만에 따르면 정신병원에서 이기기 위해서는 너무 강하고 너무 어려울 따름인 '강한 담론'이다. 왜냐하면 그것은 현상 유지에 기여하는 세력 관계의 모든 세력을 갖고 있기 때문이다. 특히 경제 관계를 지배하는 사람들의 경제적 선택을 방향지으면서 순전히 상징적인 자신의 고유한 세력을 이 세력 관계에 덧붙인다.[27] 이 과학적 인식의 프로그램 이름 아래 정치 행동 프로그램으로 변환되어 막강한

정치적 작업(부정적 작업, 왜냐하면 겉보기에 순전히 부정적이기 때문에)이 수행된다. 이 작업은 '이론'의 실현과 기능의 조건을 만드는 데에 목표를 둔다. 즉 **집단의 조직적 파괴 프로그램**이다. (신고전파 경제학은 기업·노조 혹은 가족에서 개인만 인지할 뿐이다.)

순수하고 완벽한 시장의 신자유주의 유토피아를 향한, 금융 규제 폐지 정책에 의해 가능한 운동은 변혁적 행동을 통하여 완수된다. 모든 정치적 시책들에 대하여 **파괴적**이라고 말해야 할 것이다. (가장 최근의 조치로는 '다자간 투자 협정(**MAI**)'으로서 국민 국가들에 대항하여 외국 기업과 그 투자를 보호하는 것이다.) 이는 순수 시장 논리에 장애가 될 수 있는 **모든 집단적 구조에 문제를 제기하는 것**을 목표로 한다. 즉 **국가**의 자유 재량폭을 축소하고, **노동 단체**는 개별 능력에 따른 임금과 경력의 개인화, 그 결과 노동자의 원자화로 변화시킨다. 노조·협동조합·단체가 **권리 옹호 단체**로 되어가고, **가족**조차 연령별 시장 형성을 통하여 소비에 대한 영향력을 부분적으로 상실하게 된다. 그리하여 주주·투기자·실업가·보수적 혹은 사회 민주 정치가의 정치·경제 세력으로부터 사회 세력을 끌어낸다. 이 정치가들은 자유방임 정책이란 직무 포기로 전향한 자들이다.

---

27) 어빙 고프만, 《정신병원. 정신병의 사회적 조건에 관한 연구》, 파리, 미뉘 출판사, 1968.

재정 고위 관리들은 기업의 간부와 달리 쇠퇴를 재촉하는 정책을 강제하는 데에 열중한다. 이들은 만일의 경우 결과에 책임질 위험을 감수하지 않는다. 신자유주의 강령은 전 지구적으로 경제와 사회 현실의 단절을 조장하는 경향이 있다. 그리하여 현실 속에 이론적 기술에 맞는 경제제도를 구축하려고 한다. 즉 경제적 행위자를 이끄는 강제적인 사슬처럼 일종의 논리적 기계로서 나타난다.

정보 기술이 진보와 연결된 금융 시장의 세계화는 유례없는 자본의 이동을 보장한다. 즉각적인 이익, 즉 단기간 투자 이익을 추구하는 투자가들(혹은 주주)에게 언제든지 대기업의 수익성과 비교하고 상대적 부진에 대해 제재를 가할 가능성을 제공한다. 항상 이같은 위협 아래 놓인 기업들 자신은 시장의 요구에 신속한 방식으로 적응해야 한다. 사람들이 말하는 것처럼 '시장의 신뢰 상실'을 각오로, 동시에 단기간 수익성을 추구하는 주주들의 지지는 점차 **경영자**에게 주주들의 의지를 강요할 수 있는 것이 된다. 재무 지침을 결정하고, 이를 통하여 모집·채용·임금 정책 방향을 정한다. 이렇게 하여 기한부 계약직 고용, 대리 고용, 인원 감축 등 반복되는 정책과 함께 유연성의 절대 지배가 성립하는 것이다. 구체적으로 기업 안에 자율 부문간, 팀간, 그리고 임금 관계의 **개인화**를 통한 개인간의 경쟁이 도입된다. 즉 개인별 목표 설정, 개인 평가 면담, 임금의 개인별 상승, 개인별 능력과 실적에 따른 승진, 개인화된 경력,

일부 간부의 자기 착취 경향의 '책임 분담화' 전략이 그것이다. 기업 간부도 엄격한 회사 위계 질서에 따라 단순임금자로 전락하여, 동시에 '자영업자' 식으로 제품·판매·지점·점포 등을 책임진다. 간부의 고용을 넘어 '참여 경영'의 기술에 따라 임금자의 '함축'된 의미로 확대되는 '자기 관리'가 요구된다. 합리적 예속화의 기술은 책임자 위치에서뿐만 아니라 노동에 과잉 투자를 강요한다. 노동의 긴급성의 강조는 집단적 지표와 연대를 약화시키고 폐지하려는 데에 목적이 있다.[28]

불안전·고통·**스트레스**[29] 속에서 기업과 임무에 충실할 근거를 찾는 다원 세계의 실천적 제도는, 그것이 존재의 불안감을 만드는 불안정 취업의 아비튀스의 공모를 찾을 때에만 완전히 성공할 수 있을 것이다. 모든 위계 질서의 단계에서, 심지어 고위 간부 가운데 실업의 항시적 위협과 불안정 취업에 의해 온순해진 산업예비군이 있다. 개인의 자유의 소망 아래 세워진 이 경제 질서의 궁극적 토대는 사실상 실업, 불안정 취업, 해고 위협에 의한 **공포** 등의 **구조적 폭력**이다. 개인주의적 미시 경제 모델의 '조화로운' 기능 조건과 노동의 개인적 동기 원리는

---

28) 이 모든 점에 대해서 〈노동에서의 새로운 형식의 지배〉(1,2)를 실은 《사회과학연구》의 2개 호(1996년 12월 114호와 1996년 12월 115호)를 참조할 것. 그리고 특히 가브리엘 발라즈와 미셸 피알루의 서문 〈노동 위기와 정치 위기〉(114호 2-4쪽)를 참조할 것.

29) C. 드주르, 《프랑스의 고통. 사회 불의의 통속화》, 파리. 쇠이유 출판사, 1997.

결국 대중 현상, 즉 실업예비군의 존재에 있다. 한편 이 군대는 단일한 군대가 아니다. 실업이 사람들을 고립시키고 원자화하며 개인화하고, 비동원적이고 탈연대적으로 만들기 때문이다.

이 구조적 폭력은 또한 ('계약 이론'으로서 교묘히 합리화되고 탈현실화된) 소위 노동 계약에 영향력을 행사한다. 기업이 모든 현실적 보증을 사라지게 하면서 매순간 헌신을 보이는 시대보다 기업의 신뢰·협조·충성·기업 문화를 더 많이 언급한 적이 없다. (신규 채용의 4분의 3은 기한제 계약이고, 불안정 취업 비율은 부단히 증가하며, 개인별 해고는 어떠한 규제를 받지 않는 경향이 있다.) 한편 기업에 대한 헌신은 불확실하고 모호할 뿐이다. 왜냐하면 불안정 취업, 해고 공포, **체중 감량**(다운사이징)은 실업처럼 고뇌, 의욕 상실, 순응주의를 배태할 수 있기 때문이다. (이것들은 경영자측의 문서가 주장하고 개탄하는 결점들이다.) 관성과 지속성의 내재적 원칙이 없는 이 세계에서, 피지배자들은 데카르트적 세계 속의 피조물의 위치에 있다. 즉 그들의 장래는 투자 인출, 공장 해외 이전, 공장 폐쇄의 위협을 상기하는 것처럼 그들 존재의 '연속적 창조'의 책임 있는 권력의 자의적 결정에 달려 있다.

이처럼 불안정한 상황에 처한 모든 노동자들에게 생기는 미래와 자기 자신에 대한 심각한 불안정과 불확실성의 느낌은 다음과 같은 구별의 원리에 의해 특별한 색채를 띤다. 즉 산업예비군과 취업자의 구분은 **학력에 의해 보장된 능력**에 따르고,

'첨단 기술' 기업 내에서는 관리직과 '기술자,' 단순노동자와 산업 사회의 새로운 천민인 생산 라인 노동자 간의 구분도 마찬가지이다. 전자·정보 기술과 품질 관리의 일반화는 모든 임금 자들에게 학력 증명과 동등한 기업 내 재교육을 요구하고, 위계에 의해 교묘히 인정되는 **무능함**으로 불안정의 느낌은 배가되는 경향이 있다. 직업의 질서와 모든 사회 질서는 '능력' 혹은 이보다 더 나쁜 '지능'의 질서 위에 기초한 것처럼 보인다. 아마 노동 관계의 기술적 조작과, 끊임없는 주의와 지속적인 재창조의 목표가 되는 종속과 복종을 얻기 위해 특별히 고안된 전략이 많아질수록 인력·시간·연구 노동에 대한 투자가 커진다. 이는 새로운 형식의 인력 관리와 새로운 통제 기술의 부단한 개선을 가정한다. 이는 학력적으로 보장된 능력 위계에 대한 믿음이다. 학력은 민간 기업과 점차 관공서에서 질서와 규율의 근거를 이룬다. 일류학교 출신 대귀족은 지휘 임무를 맡고, 사무직 및 기술자의 소귀족은 미소를 머금고 실무를 집행하는 일을 한다. 이들은 항상 자기 규정을 **증명해야 하기** 때문이다. 고용 불안정에 처하고, 실업의 수치감 속에 끊임없이 추방 위협을 받는 노동자들은 개인으로서 그 자신이 환멸의 이미지만을 갖게 될 뿐이다. 한편 자부심의 대상이 되는 노동자 단체는 기술적·정치적 유산과 강한 전통에 뿌리내려 존재하는 만큼 의욕 상실, 평가 저하, 정치적 환멸을 갖게 된다. 이는 투쟁 의식의 위기와 극우주의의 주장에서 절망 속에 표현된다.

이처럼 우리는 어떻게 신자유주의 유토피아가 시한폭탄처럼 현실 속에 부활하는지를 본다. 이것의 필연성은 그 자신들이 감지한 지배층에게 강요된다. 조르주 소로스처럼 제국의 탈구조적 효과에 불안한 연금 경영자들은 그들이 부정하는 똑같은 논리에 영향을 받은 빌 게이츠의 자선 행위처럼 보상적 행위를 보여 준다. 이전 시대의 마르크시즘처럼 이는 공통점을 많이 갖고 있다. 이 유토피아는 금융가나 대기업 경영자 등처럼 물질적으로 살려는 사람들뿐만 아니라, 고급 관료나 정치인들처럼 그들의 존재를 정당화하려는 사람들에게 **자유 무역 신앙**이라는 상당한 신앙을 야기한다. 이들은 경제적 효율성의 이름하에 시장 권력을 신성화한다. 이것은 합리성 모델에 의거하여 개인적 이윤의 최대화를 추구하는 자본 소유자를 방해할 수 있는 행정적·정치적 장벽의 철폐를 요구한다. 이들은 독립적인 중앙은행을 원한다. 그들은 모든 시장에 대한 모든 규제의 철폐와 함께 경제를 통제하기 위하여 경제 자유의 요구에 국민 국가의 복종을 설파한다. 노동 시장 규제 철폐로 시작해서 재정 적자와 인플레이션의 금지, 전체 공공 부문의 민영화, 공공 사회 지출의 삭감을 요구한다.

반드시 진실한 신봉자와 경제·사회적 이해 관계를 공유하지 않고, 경제학자들은 경제학의 장에서 충분히 특수한 이해 관계를 갖는다. 수학적 이성으로 포장한 유토피아의 경제·사회적 효과에 대해 그들의 생각이 어떠한지 상관없이, 그들은 신자유주의 유토피아의 신앙을 생산하고 재생산하는 데에 결정적인 공헌을 한다. 그들은 그들의 존재 및 모든 지적 배경과 경제·사회의 현실 세계와 분리되어, 순전히 추상적·교과적·이론주의적이다. 그들은 다른 시대의 철학 분야처럼 특히 논리의 사상(事象)과 사상의 논리를 혼동하는 경향이 있다. 실제적으로 경험적 검증을 전혀 해보지 않은 모델을 신뢰하고, 다른 역사 과학의 성과들을 낮춰 보는 경향이 있다. 그들은 그들의 수학적 게임의 순수성과 크리스털 같은 투명성을 인정하지 않는다. 그리고 진정한 필요성과 심오한 복잡성을 이해할 능력이 부족하다. 그들은 거대한 경제·사회 변혁에 참여하고 협력한다. 이 변혁은 비록 그 결과들이 그들에게 공포를 가져다 준다 해도 전적으로 그들을 개탄할 수 없다. 왜냐하면 그들이 '투기적 거품'이라고 부르는 것에 책임을 돌릴 수 있는 실패의 위험 속에, 그들의 생애를 건 (일종의 광기 형식처럼) 초결과적인 유토피아에 현실성을 주는 경향이 있기 때문이다.

그러나 즉각적인 가시적 효과들과 함께 신자유주의 대유토피아의 세계가 여기에 펼쳐 있다. 경제적으로 가장 발전한 거대 사회의 한 계층의 비참과 고통뿐만 아니라 수입 격차의 급속한 증가, 문화 생산의 자율적 부문, 즉 영화·출판 등 문화 생산물 그 자체의 점차적 소멸, 상업적 이익 추구의 증가가 나타났다. 뿐만 아니라, 특히 지옥의 기계 효과를 저지할 수 있는 집단적 기구들의 파괴가 있다. 그 첫번째 줄에 있는 국가는 **공공**

이념과 연결되어 있는 모든 보편적 가치들을 지니고 있다. 경제와 국가의 상층부와 기업 내에는 고등수학과 경쟁하는 일종의 도덕적 다위니즘이 **승자**의 문화와 함께 비약적 도약을 한다. 이것은 만인의 만인에 대한 투쟁과 모든 행동의 규범에 **냉소주의**를 야기한다. 모든 가치 체계의 전복 위에 세워진 새로운 도덕 질서가 미디어에 의해 빠르게 전파되고 볼거리로 확인된다. 국가의 모든 최고 대표들은 지위의 위엄을 낮춘다. 대우·도요타 등 다국적 경영주 앞에 연신 허리를 굽히고, 빌 게이츠 앞에서 미소와 지능을 경쟁한다.

이같은 정치·경제 체제가 생산하는 엄청난 고통이 언젠가 심연으로의 돌진을 중지시킬 수 있는 운동의 발단이 되길 기대할 수 있을까? 사실상 우리는 특이한 역설적 상황에 와 있다. 새로운 질서의 실현 도상에서 만난 장애들, 자유로운 개인의 장애는 오늘날 엄격성과 고리타분함에 있다. 모든 직접적·의식적 개입은, 적어도 국가에서 비롯될 때 어떤 편견에 의해서든지 먼저 신용을 잃는다. 자신의 이해 관계에 굴복하고 경제적 행위자의 이익을 잘 모르는 공무원의 생각이란 핑계를 댄다. 순수한 익명의 메커니즘을 위하여 사라진다. 시장(우리는 이해 관계의 장소라는 사실을 잊는다)은 현실적으로 변혁중인 구질서 제도와 행위자의 영구와 생존이다. 사회노동자의 모든 직업별 노동과 가족·사회 혹은 다른 연대는, 불안정 취업 인구의 증가폭에도 불구하고 사회 질서가 혼돈 속에 붕괴되지 않게 한다.

감지되지 않고 지각되지 않는 방식으로 가장 끔찍한 장기 효과를 숨기면서 대륙의 이동처럼 '자유주의'로 향한 전이가 완수된다. 효과들은 역설적으로 그가 야기시키는 저항에 의해 은폐된다. 지금부터 구질서를 옹호하는 사람들은 그들이 은닉한 자원 속에서 효과를 본다. 구질서가 제공하는 원조나 연대 혹은 법률적 모델 속에서, 그가 육성하는 아비튀스에서(간호사, 의료 보조원 등), 간단히 말해서 혼란으로 추락하는 현재의 사회 질서를 일부분 보호하는 사회 자본의 축적 속에서(자본은 갱신되지 않고 재생산되지 않으면 폐기된다. 그러나 고갈되지 않는다) 그러하다.

그러나 이 '보수화'의 세력을 보수적 세력으로서 취급하는 것은 너무 안이하다. 이 세력은 역시 다른 관계에서 보자면 새로운 질서의 정립에 **저항**하는 세력들이다. 특히 과거와 현재의 사회 운동의 역사적 성과와 연관된 말, 전통, 표상의 유산에 대한 신용과 가치를 깎아내리는 신자유주의 '사상가'의 부단한 작업에 대항한 상징적 투쟁을 하는 것을 아는 조건하에서 전복적 세력이 될 수 있다. 또한 우리가 이에 상당하는 제도들, 즉 노동법·사회부조·사회보장 등을 옹호할 줄 안다는 조건하에서 그럴 수 있다. 이 제도들을 지나간 구시대의 고리타분한 유산으로 돌리고, 더 나아가 쓸모없고 받아들일 수 없는 특권으로 만드는 의지에 대항하는 것이다. 이 전투는 쉽지 않고 전세를 역전시키는 것은 희망 사항이다. **보수 혹은 복고를 향한 전복이**

란 역설적 의도에 힘입어, 보수혁명가들은 혁명으로 묘사하는 보수적 행동에 의해 야기된 방어적 반응을 반동적 저항으로 변화시키는 게임을 한다. 요구 혹은 저항의 '특권'을 구태적·퇴행적 방어로서 단죄하는 반응에 저항한다. 보수혁명가는 퇴행적 조치에 의해 기득권의 쇠퇴와 파괴의 위협을 받은 과거를 갖고 있다. 그 전형적인 예가 노조원의 해고 혹은 더 근본적으로 집단 전통의 보수자, 고참 노동자들의 해고이다.

그리고 우리가 합리적인 기대를 갖자면, 국가 제도들과 행위자들의 성향(특히 이 제도들에 가장 애착을 갖는 국가 소귀족처럼) 속에 사라진 질서와 특권을 단순히 방어하는 것처럼 보이는 세력이지만, 이기주의적 이해 관계를 추구하고 이에 대한 개인적 열정을 보이는 유일한 법을 갖지 않을 사회 질서를 창조하고 확립하는 노력을 하는 세력이 아직도 존재한다는 것이다. 이 사회 질서는 **집단적으로 논의하고 승인한 목표의 실현을 위한 합리적 추구**를 향한 집단에게 활약의 자리를 마련해 줄 것이다. 이런 집단들 가운데 단체·노조·정당이 있고, 국가도 있을 것이다. 국민 국가 혹은 초민족 국가, 즉 (세계 국가를 향한 단계로서) 유럽연합은 금융 시장에서 실현된 이익을 효과적으로 관리하고 강제할 능력이 있다. 또한 이 국가는 노조의 도움을 받아 **공공의 이익**의 옹호를 조직하면서, 노동 시장에 작용하는 파괴적인 행위를 저지할 수 있는 능력을 갖고 있다. 공익은 우리가 원하든 원치 않든, 숫자놀음에도 불구하고 신흥

종교가 인류 최고의 성취 형식처럼 제시하는 회계사적 세계관
(언젠가 사람들은 '식품점'에 대해 말할 것이다)으로부터는 절대
나올 수 없을 것이다.

1998년 1월, 파리

<h1 style="text-align:center">참고 문헌</h1>

ACCARDO(Alain), avec G. ABOU, G. BALASTRE, D. MARINE, *Jouralistes au quotidien. Outils pour une socioanalyse des pratiques journalistiques*, Bordeaux, Le Mascaret, 1995.

Actes de la recherche en sciences sociales, 〈L'économie de la maison〉, 81-82, mars 1990.

— 〈La souffrance〉, 90, décembre 1991.

— 〈Esprits d'État〉, 96-97, mars 1993.

— 〈Les nouvelles formes de domination dans le travail〉, 114 et 115, septembre et décembre 1996.

— 〈Histoire de d'État〉, 116-117, mars 1997.

— 〈Les ruses de la raison impérialiste〉, 121-122, mars 1998.

BLOCH(Ernst), *L'Esprit de l'utopie*, Paris, Gallimard, 1997.

BOSCHETTI(Anna), *Sartre et* les Temps modernes: *une entreprise intellectuelle*, Paris, Éditions de Minuit, 1985.

BOURDIEU(Pierre), *Travail et travailleurs en Algérie*, Paris-La Haye, Mouton, 1963(avec A. Darbel, J. P. Rivet, C. Seibel).

— *Algérie 60, structures économiques et structures temporelles*, Paris, Éditions de Minuit, 1997.

— *La Noblesse d'État*, Paris, Éditions de Minuit, 1989.

— 〈Le racisme de l'intelligence〉, in *Questions de sociologie*, Paris, Édtions de Minuit, 1980.

— 〈Deux impérialismes de l'universel〉, in C. Fauré et T. Bishop (éds), *L'Amérique des Français*, Paris, Éditions François Bourin, 1992, pp.149-155.

CHAMPAGNE(Patrick), *Faire l'opinion*, Paris, Éditions de Minuit, 1990.

— 〈Le journalisme entre précarité et concurrence〉, *Liber*, 29, décembre 1996.

CHARLE(Christophe), *Naissance des intellectuels*, Paris, Éditions de Minuit, 1990.

DIXON(Keith), 〈Les évangélistes du Marché〉, *Liber*, 32, septembre 1997, pp.5-6.

DEJOURS(Christophe), *Souffrance en France. La banalisation de l'injustice sociale*, Paris, Éditions du Seuil, 1997.

DEZALAY(Yevs), avec D. SUGARMAN, *Professional Competition Power. Lawyers, Accountants and the Social Construction of Markets*, Londres-New York, Routledge, 1995, pp.XI-XIII.

—— avac B. G. GRATH, *Dealing in Virtue*, Chicago-Londres, The University of Chicago Press, 1995, pp.VII-VIII.

FALLOWS(James), *Breaking the News. How Media Undermine American Democracy*, New York, Vintage Books, 1997.

GOFFMAN(Erving), *Asiles, études sur la condition sociale des malades mentaux*, Paris, Éditions de Minuit, 1968.

GRÉMION(Pierre), Preuves, *une revue européenne à Paris*, Paris, Julliard, 1989.

— *Intelligence de l'anti-communisme, le congrès la liberté de la culture à Paris*, Paris, Fayard, 1995.

HALIMI(Serge), *Les Nouveaux chiens de garde*, Paris, Liber-Raisons d'agir, 1997.

Liber, 〈Mouvements divers. Le choix de la subversion〉, 33, dé-cembre 1997.

SALESSE(Yves), *Propositions pour une autre Europe. Construire Bable*, Éditions du Félin, 1997.

THÉRET(Bruno), *L'État, la finance et la social*, Paris, La Découverte, 1995.

VIDAL−NAQUET(Pierre), *Les Juifs, la mémoire et le présent*, Paris, La Découverte, tome I, 1981, tome II, 1991.

WACQUANT(Loïc), 〈De l'État charitable à l'État pénal: notes sur le traitement politique de la misère en Amérique〉, *Regards sociologiques*, 11, 1996.

세계화 시대 좌표와 NGO 역할

(부르디외-현택수 교수 대담)

"유럽의 지성은 급변하는 세계를 어떻게 진단하고 있을까. 고려대 사회학과 현택수(玄宅洙) 교수가 15일 '콜레주 드 프랑스'에서 프랑스의 사회학자 피에르 부르디외(70)를 만나 세계화 시대의 문화 정치, 그리고 비정부기구(NGO)의 새로운 역할 등에 관한 그의 생각을 들었다. 부르디외는 영국의 앤소니 기든스, 독일의 위르겐 하버마스와 함께 현대 유럽 지성의 상징으로 꼽힌다. 대담은 15일 부르디외가 교수로 재직중인 파리 '콜레주 드 프랑스'에서 진행됐다."(2000/04/18(화) 동아일보)

■ 정보화·세계화란 새로운 사회 현상이 세계를 휩쓸고 있습니다. 이같은 변화에 직면해 세계 문화가 어떤 변화를 겪고 있다고 판단하십니까.

세계의 지배 세력들은 '보편화'란 완곡하고 모호한 어법을 쓰고 있지만 사실상 세계화는 세계를 지배하는 세력들의 경제적·문화적인 법칙에 따른 세계 통합입니다. 19세기 영국 작가인 제인 오스틴 스타일을 흉내낸 인도 작가의 소설이 세계적 베스트셀러가 된 적이 있었어요. 그러나 대개는 국가적·지역적 특수성에 기반을 둔 문학 작품이 상업적 성공을 거두는 경우가 많습니다. 국제화가 고유의 지역적 특성들을 촉진시키는 역설이 성립하는 것이지요. 막대한 자본이 투입되는 영화 분야에서는 시장이 국제화될수록 영화의 관객에 대한 종속성이 심화되고 있습니다. 일본 영화와 프랑스 영화는 아직 독창성을 간직하고 있지만, 할리우드의 공격으로 이탈리아 영화와 독일 영화는 이미 사라졌습니다. 미국의 대형 영화 제작자들은 시사회를 개최해 어떤 식으로 영화를 끝맺는 것이 관객에게 가장 어필하는지를 조사한다고 들었습니다. 흥행의 성공 여부가 영화 제작의 방향과 주제를 결정합니다. 출판도 마찬가지예요. 출판사들은 책을 출판하기도 전에 판매 부수부터 먼저 따집니다. 독일계 다국적기업 베르텔스만은 주주들에게 15퍼센트의 이윤을 보장해 줌으로써 출판 제국으로 성장할 수 있었습니다. 작품의 가치를 상업적 성공으로 측정하는 이같은 경향으로 인해 예술·철학 작품, 지적 저작물들은 상업적 성공 여부로 정의되고 있습니다. 한마디로 문화의 세계화는 문화의 타율성으로 특징지어질 수 있습니다.

■ 최근에 《정치의 장(場)에 대한 소고》라는 책을 출판하셨는데, 그 책에서 강조하고자 했던 점은 무엇입니까.

정치의 세계도 예술의 세계처럼 고유한 법칙을 갖고 있으며, 폐쇄적이지만 경제적 영향력에 종속돼 있다는 점에서 완전히 닫혀져 있지는 않아요. 정치가들은 "우리는 대중을 위해 존재한다"고 말하지만, 그들은 한편으로 늘 돈을 생각합니다. 정치인들이 뭔가 일을 하는 것은 정치 게임의 밖에 있는 유권자들이 정치인에게 그것을 하라고 요구해서가 아닙니다. 정치인들은 지지자 때문이 아니라 자신의 적들 때문에 일하는 경우가 많습니다. 예를 들면 프랑스의 좌파들은 극우 국민전선당 수장 마리 르펜 때문에 많은 일을 합니다. 리오넬 조스팽 프랑스 총리는 당내 최대 라이벌인 로랑 파비우스(현재 재무장관)의 존재를 의식해 항상 뭔가를 합니다. 결과적으로 정치인들은 상대방 때문에 서로서로 정책을 입안하고 움직이는 것이지요. 이 책을 통해 정치 행위는 정계 내부의 조건에 의해 지배된다는 사실을 지적하고 싶었습니다.

■ 최근 세계적으로 비정부기구(NGO)의 정치 참여가 증가하고 있습니다. 세계무역기구(WTO)의 시애틀 각료회의를 전세계 시민단체들이 저지했던 사실을 기억하시지요. 한국에서도 총선 기간 동안 부패한 정치인들의 정치 참여를 저지하려는 시민 운동이 있었습니다. 정치의 장에 시민단체의 개입이 늘어나고 있는 현상을 어떻게 생각하십니까.

　NGO의 정치 개입은 아주 새롭고 중요한 현상인 동시에 내가 미래에 갖고 있는 유일한 희망이기도 합니다. 시민단체들이 우선 국내 사회 문제에 개입하고, 나아가 국제적 차원의 이슈들로 확대함으로써 진정한 국제화를 이룰 수 있습니다. 시간이 흐를수록 세계 각국의 주민들이 신자유주의라고 불리는 경제의 국제화가 가져올 그들의 불행을 깨닫고 있습니다. 신자유주의에 대항하는 사회주의자들의 국제적 연대를 추진하기 위해 나는 노조옹호론자들과 함께 유럽헌장 선포 계획에 착수했습니다. 나는 한국에서도 시민의 삶과 사회보장은 물론 시민의 문화를 위협하는 정치적 세력의 출현에 저항하는 움직임이 여러 차례 일어난 것에 주목하고 있습니다.

대담 정리; 김세원 기자

현택수
프랑스 파리 소르본대학교 사회학박사
전 한국방송개발원(**KBI**) 선임연구원
현재 고려대학교 인문대 사회학과 부교수
주요 일간 신문과 시사 잡지 칼럼니스트로서 활동중
저서:《문화와 권력》(편저)《그래도 나는 벗기고 싶다》(문화비평집)
《노블레스 오블리주》《예술과 문화의 사회학》
《일상 속의 대중 문화 읽기》《현대인의 사랑과 성》
역서:《강의에 대한 강의》《텔레비전에 대하여》
홈페이지(http://welove.korea.ac.kr/~hyunts)에서는
사회 문화 평론과 공개 일기 및 독자와의 토론을 통해
자유로운 비판적 지식인의 모습을 엿볼 수 있다.
E-mail: loveme@korea.ac.kr.

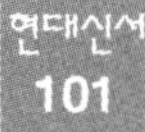

현대신서
101

맞 불

초판발행 : 2004년 4월 15일

지은이 : 피에르 부르디외
옮긴이 : 현택수
총편집 : 韓仁淑
펴낸곳 : 東文選
제10-64호, 78. 12. 16 등록
110-300 서울 종로구 관훈동 74
전화 : 737-2795

편집설계 : 李姃汞 李惠允

ISBN 89-8038-487-4 94300
ISBN 89-8038-050-X(세트/현대신서)

【東文選 現代新書】

1	21세기를 위한 새로운 엘리트	FORESEEN 연구소 / 김경현	7,000원
2	의지, 의무, 자유 — 주제별 논술	L. 밀러 / 이대희	6,000원
3	사유의 패배	A. 핑켈크로트 / 주태환	7,000원
4	문학이론	J. 컬러 / 이은경·임옥희	7,000원
5	불교란 무엇인가	D. 키언 / 고길환	6,000원
6	유대교란 무엇인가	N. 솔로몬 / 최창모	6,000원
7	20세기 프랑스철학	E. 매슈스 / 김종갑	8,000원
8	강의에 대한 강의	P. 부르디외 / 현택수	6,000원
9	텔레비전에 대하여	P. 부르디외 / 현택수	7,000원
10	고고학이란 무엇인가	P. 반 / 박범수	8,000원
11	우리는 무엇을 아는가	T. 나겔 / 오영미	5,000원
12	에쁘롱 — 니체의 문체들	J. 데리다 / 김다은	7,000원
13	히스테리 사례분석	S. 프로이트 / 태혜숙	7,000원
14	사랑의 지혜	A. 핑켈크로트 / 권유현	6,000원
15	일반미학	R. 카이유와 / 이경자	6,000원
16	본다는 것의 의미	J. 버거 / 박범수	10,000원
17	일본영화사	M. 테시에 / 최은미	7,000원
18	청소년을 위한 철학교실	A. 자카르 / 장혜영	7,000원
19	미술사학 입문	M. 포인턴 / 박범수	8,000원
20	클래식	M. 비어드·J. 헨더슨 / 박범수	6,000원
21	정치란 무엇인가	K. 미노그 / 이정철	6,000원
22	이미지의 폭력	O. 몽젱 / 이은민	8,000원
23	청소년을 위한 경제학교실	J. C. 드루엥 / 조은미	6,000원
24	순진함의 유혹 [메디시스賞 수상작]	P. 브뤼크네르 / 김웅권	9,000원
25	청소년을 위한 이야기 경제학	A. 푸르상 / 이은민	8,000원
26	부르디외 사회학 입문	P. 보네위츠 / 문경자	7,000원
27	돈은 하늘에서 떨어지지 않는다	K. 아른트 / 유영미	6,000원
28	상상력의 세계사	R. 보이아 / 김웅권	9,000원
29	지식을 교환하는 새로운 기술	A. 벵토릴라 外 / 김혜경	6,000원
30	니체 읽기	R. 비어즈워스 / 김웅권	6,000원
31	노동, 교환, 기술 — 주제별 논술	B. 데코사 / 신은영	6,000원
32	미국만들기	R. 로티 / 임옥희	10,000원
33	연극의 이해	A. 쿠프리 / 장혜영	8,000원
34	라틴문학의 이해	J. 가야르 / 김교신	8,000원
35	여성적 가치의 선택	FORESEEN연구소 / 문신원	7,000원
36	동양과 서양 사이	L. 이리가라이 / 이은민	7,000원
37	영화와 문학	R. 리처드슨 / 이형식	8,000원
38	분류하기의 유혹 — 생각하기와 조직하기	G. 비뇨 / 임기대	7,000원
39	사실주의 문학의 이해	G. 라루 / 조성애	8,000원
40	윤리학 — 악에 대한 의식에 관하여	A. 바디우 / 이종영	7,000원
41	흙과 재 [소설]	A. 라히미 / 김주경	6,000원

84	조와(弔蛙)	金教臣 / 노치준·민혜숙	8,000원
85	역사적 관점에서 본 시네마	J. -L. 뢰트라 / 곽노경	8,000원
86	욕망에 대하여	M. 슈벨 / 서민원	8,000원
87	산다는 것의 의미·1—여분의 행복	P. 쌍소 / 김주경	7,000원
88	철학 연습	M. 아롱델-로오 / 최은영	8,000원
89	삶의 기쁨들	D. 노게 / 이은민	6,000원
90	이탈리아영화사	L. 스키파노 / 이주현	8,000원
91	한국문화론	趙興胤	10,000원
92	현대연극미학	M. -A. 샤르보니에 / 홍지화	8,000원
93	느리게 산다는 것의 의미·2	P. 쌍소 / 김주경	7,000원
94	진정한 모럴은 모럴을 비웃는다	A. 에슈고엔 / 김웅권	8,000원
95	한국종교문화론	趙興胤	10,000원
96	근원적 열정	L. 이리가라이 / 박정오	9,000원
97	라캉, 주체 개념의 형성	B. 오질비 / 김 석	9,000원
98	미국식 사회 모델	J. 바이스 / 김종명	7,000원
99	소쉬르와 언어과학	P. 가데 / 김용숙·임정혜	10,000원
100	철학적 기본 개념	R. 페르버 / 조국현	8,000원
101	맞불	P. 부르디외 / 현택수	10,000원
102	글렌 굴드, 피아노 솔로	M. 슈나이더 / 이창실	7,000원
103	문학비평에서의 실험	C. S. 루이스 / 허 종	8,000원
104	코뿔소 〔희곡〕	E. 이오네스코 / 박형섭	8,000원
105	지각—감각에 관하여	R. 바르바라 / 공정아	7,000원
106	철학이란 무엇인가	E. 크레이그 / 최생열	8,000원
107	경제, 거대한 사탄인가?	P. -N. 지로 / 김교신	7,000원
108	딸에게 들려 주는 작은 철학	R. 시몬 셰퍼 / 안상원	7,000원
109	도덕에 관한 에세이	C. 로슈·J. -J. 바레르 / 고수현	6,000원
110	프랑스 고전비극	B. 클레망 / 송민숙	8,000원
111	고전수사학	G. 위딩 / 박성철	10,000원
112	유토피아	T. 파코 / 조성애	7,000원
113	쥐비알	A. 자르댕 / 김남주	7,000원
114	증오의 모호한 대상	J. 아순 / 김승철	8,000원
115	개인—주체철학에 대한 고찰	A. 르노 / 장정아	7,000원
116	이슬람이란 무엇인가	M. 루스벤 / 최생열	8,000원
117	테러리즘의 정신	J. 보드리야르 / 배영달	8,000원
118	역사란 무엇인가	존 H. 아널드 / 최생열	8,000원
119	느리게 산다는 것의 의미·3	P. 쌍소 / 김주경	7,000원
120	문학과 정치 사상	P. 페티티에 / 이종민	8,000원
121	가장 아름다운 하나님 이야기	A. 보테르 外 / 주태환	8,000원
122	시민 교육	P. 카니베즈 / 박주원	9,000원
123	스페인영화사	J.- C. 스갱 / 정동섭	8,000원
124	인터넷상에서—행동하는 지성	H. L. 드레퓌스 / 정혜욱	9,000원
125	내 몸의 신비—세상에서 가장 큰 기적	A. 지오르당 / 이규식	7,000원

168 세계화의 불안   Z. 라이디 / 김종명   근간
169 음악이란 무엇인가   N. 쿡 / 장호연   근간
170 사랑과 우연의 장난 〔희곡〕   마리보 / 박형섭   근간
171 사진의 이해   G. 보레 / 박은영   근간
172 현대인의 사랑과 성   현택수   9,000원
173 성해방은 진행중인가?   M. 이아퀴브 / 권은희   근간
300 우리 아이들에게 설명하는 이혼   P. 루카스 · S. 르로이 / 이은민   근간
301 우리 아이들에게 들려 주는 인도주의   J. 마무 / 이은민   근간

【東文選 文藝新書】
 1 저주받은 詩人들   A. 뻬이르 / 최수철 · 김종호   개정근간
 2 민속문화론서설   沈雨晟   40,000원
 3 인형극의 기술   A. 훼도토프 / 沈雨晟   8,000원
 4 전위연극론   J. 로스 에반스 / 沈雨晟   12,000원
 5 남사당패연구   沈雨晟   19,000원
 6 현대영미희곡선(전4권)   N. 코워드 外 / 李辰洙   절판
 7 행위예술   L. 골드버그 / 沈雨晟   18,000원
 8 문예미학   蔡 儀 / 姜慶鎬   절판
 9 神의 起源   何 新 / 洪 熹   16,000원
10 중국예술정신   徐復觀 / 權德周 外   24,000원
11 中國古代書史   錢存訓 / 金允子   14,000원
12 이미지 ― 시각과 미디어   J. 버거 / 편집부   12,000원
13 연극의 역사   P. 하트놀 / 沈雨晟   12,000원
14 詩 論   朱光潛 / 鄭相泓   22,000원
15 탄트라   A. 무케르지 / 金龜山   16,000원
16 조선민족무용기본   최승희   15,000원
17 몽고문화사   D. 마이달 / 金龜山   8,000원
18 신화 미술 제사   張光直 / 李 徹   10,000원
19 아시아 무용의 인류학   宮尾慈良 / 沈雨晟   20,000원
20 아시아 민족음악순례   藤井知昭 / 沈雨晟   5,000원
21 華夏美學   李澤厚 / 權 瑚   15,000원
22 道   張立文 / 權 瑚   18,000원
23 朝鮮의 占卜과 豫言   村山智順 / 金禧慶   15,000원
24 원시미술   L. 아담 / 金仁煥   16,000원
25 朝鮮民俗誌   秋葉隆 / 沈雨晟   12,000원
26 神話의 이미지   J. 캠벨 / 扈承喜   근간
27 原始佛敎   中村元 / 鄭泰爀   8,000원
28 朝鮮女俗考   李能和 / 金尙憶   24,000원
29 朝鮮解語花史(조선기생사)   李能和 / 李在崑   25,000원
30 조선창극사   鄭魯湜   17,000원
31 동양회화미학   崔炳植   18,000원
32 性과 결혼의 민족학   和田正平 / 沈雨晟   9,000원

33 農漁俗談辭典	宋在璇	12,000원
34 朝鮮의 鬼神	村山智順 / 金禧慶	12,000원
35 道敎와 中國文化	葛兆光 / 沈揆昊	15,000원
36 禪宗과 中國文化	葛兆光 / 鄭相泓·任炳權	8,000원
37 오페라의 역사	L. 오레이 / 류연희	18,000원
38 인도종교미술	A. 무케르지 / 崔炳植	14,000원
39 힌두교의 그림언어	안넬리제 外 / 全在星	9,000원
40 중국고대사회	許進雄 / 洪 熹	30,000원
41 중국문화개론	李宗桂 / 李宰碩	23,000원
42 龍鳳文化源流	王大有 / 林東錫	25,000원
43 甲骨學通論	王宇信 / 李宰碩	40,000원
44 朝鮮巫俗考	李能和 / 李在崑	20,000원
45 미술과 페미니즘	N. 부루드 外 / 扈承喜	9,000원
46 아프리카미술	P. 윌레뜨 / 崔炳植	절판
47 美의 歷程	李澤厚 / 尹壽榮	28,000원
48 曼茶羅의 神들	立川武藏 / 金龜山	19,000원
49 朝鮮歲時記	洪錫謨 外/李錫浩	30,000원
50 하 상	蘇曉康 外 / 洪 熹	절판
51 武藝圖譜通志 實技解題	正 祖 / 沈雨晟·金光錫	15,000원
52 古文字學첫걸음	李學勤 / 河永三	14,000원
53 體育美學	胡小明 / 閔永淑	10,000원
54 아시아 美術의 再發見	崔炳植	9,000원
55 曆과 占의 科學	永田久 / 沈雨晟	8,000원
56 中國小學史	胡奇光 / 李宰碩	20,000원
57 中國甲骨學史	吳浩坤 外 / 梁東淑	35,000원
58 꿈의 철학	劉文英 / 河永三	22,000원
59 女神들의 인도	立川武藏 / 金龜山	19,000원
60 性의 역사	J. L. 플랑드렝 / 편집부	18,000원
61 쉬르섹슈얼리티	W. 챠드윅 / 편집부	10,000원
62 여성속담사전	宋在璇	18,000원
63 박재서희곡선	朴栽緒	10,000원
64 東北民族源流	孫進己 / 林東錫	13,000원
65 朝鮮巫俗의 硏究(상·하)	赤松智城·秋葉隆 / 沈雨晟	28,000원
66 中國文學 속의 孤獨感	斯波六郎 / 尹壽榮	8,000원
67 한국사회주의 연극운동사	李康列	8,000원
68 스포츠인류학	K. 블랑챠드 外 / 박기동 外	12,000원
69 리조복식도감	리팔찬	20,000원
70 娼 婦	A. 꼬르벵 / 李宗旼	22,000원
71 조선민요연구	高晶玉	30,000원
72 楚文化史	張正明 / 南宗鎭	26,000원
73 시간, 욕망, 그리고 공포	A. 코르뱅 / 변기찬	18,000원
74 本國劍	金光錫	40,000원

75	노트와 반노트	E. 이오네스코 / 박형섭	20,000원
76	朝鮮美術史研究	尹喜淳	7,000원
77	拳法要訣	金光錫	30,000원
78	艸衣選集	艸衣意恂 / 林鍾旭	20,000원
79	漢語音韻學講義	董少文 / 林東錫	10,000원
80	이오네스코 연극미학	C. 위베르 / 박형섭	9,000원
81	중국문자훈고학사전	全廣鎭 편역	23,000원
82	상말속담사전	宋在璇	10,000원
83	書法論叢	沈尹默 / 郭魯鳳	16,000원
84	침실의 문화사	P. 디비 / 편집부	9,000원
85	禮의 精神	柳肅 / 洪熹	20,000원
86	조선공예개관	沈雨晟 편역	30,000원
87	性愛의 社會史	J. 솔레 / 李宗旼	18,000원
88	러시아미술사	A. I 조토프 / 이건수	22,000원
89	中國書藝論文選	郭魯鳳 選譯	25,000원
90	朝鮮美術史	關野貞 / 沈雨晟	30,000원
91	美術版 탄트라	P. 로슨 / 편집부	8,000원
92	군달리니	A. 무케르지 / 편집부	9,000원
93	카마수트라	바짜야나 / 鄭泰爀	18,000원
94	중국언어학총론	J. 노먼 / 全廣鎭	28,000원
95	運氣學說	任應秋 / 李宰碩	15,000원
96	동물속담사전	宋在璇	20,000원
97	자본주의의 아비투스	P. 부르디외 / 최종철	10,000원
98	宗敎學入門	F. 막스 뮐러 / 金龜山	10,000원
99	변 화	P. 바츨라빅크 外 / 박인철	10,000원
100	우리나라 민속놀이	沈雨晟	15,000원
101	歌訣(중국역대명언경구집)	李宰碩 편역	20,000원
102	아니마와 아니무스	A. 융 / 박해순	8,000원
103	나, 너, 우리	L. 이리가라이 / 박정오	12,000원
104	베케트연극론	M. 푸크레 / 박형섭	8,000원
105	포르노그래피	A. 드워킨 / 유혜련	12,000원
106	셸 링	M. 하이데거 / 최상욱	12,000원
107	프랑수아 비용	宋勉	18,000원
108	중국서예 80제	郭魯鳳 편역	16,000원
109	性과 미디어	W. B. 키 / 박해순	12,000원
110	中國正史朝鮮列國傳(전2권)	金聲九 편역	120,000원
111	질병의 기원	T. 매큐언 / 서 일 · 박종연	12,000원
112	과학과 젠더	E. F. 켈러 / 민경숙 · 이현주	10,000원
113	물질문명 · 경제 · 자본주의	F. 브로델 / 이문숙 外	절판
114	이탈리아인 태고의 지혜	G. 비코 / 李源斗	8,000원
115	中國武俠史	陳山 / 姜鳳求	18,000원
116	공포의 권력	J. 크리스테바 / 서민원	23,000원

117	주색잡기속담사전	宋在璇	15,000원
118	죽음 앞에 선 인간(상·하)	P. 아리에스 / 劉仙子	각권 8,000원
119	철학에 대하여	L. 알튀세르 / 서관모·백승욱	12,000원
120	다른 곳	J. 데리다 / 김다은·이혜지	10,000원
121	문학비평방법론	D. 베르제 外 / 민혜숙	12,000원
122	자기의 테크놀로지	M. 푸코 / 이희원	16,000원
123	새로운 학문	G. 비코 / 李源斗	22,000원
124	천재와 광기	P. 브르노 / 김웅권	13,000원
125	중국은사문화	馬 華·陳正宏 / 강경범·천현경	12,000원
126	푸코와 페미니즘	C. 라마자노글루 外 / 최 영 外	16,000원
127	역사주의	P. 해밀턴 / 임옥희	12,000원
128	中國書藝美學	宋 民 / 郭魯鳳	16,000원
129	죽음의 역사	P. 아리에스 / 이종민	18,000원
130	돈속담사전	宋在璇 편	15,000원
131	동양극장과 연극인들	김영무	15,000원
132	生育神과 性巫術	宋兆麟 / 洪 熹	20,000원
133	미학의 핵심	M. M. 이턴 / 유호전	20,000원
134	전사와 농민	J. 뒤비 / 최생열	18,000원
135	여성의 상태	N. 에니크 / 서민원	22,000원
136	중세의 지식인들	J. 르 고프 / 최애리	18,000원
137	구조주의의 역사(전4권)	F. 도스 / 김웅권 外 I·II·IV 15,000원 / III	18,000원
138	글쓰기의 문제해결전략	L. 플라워 / 원진숙·황정현	20,000원
139	음식속담사전	宋在璇 편	16,000원
140	고전수필개론	權 瑚	16,000원
141	예술의 규칙	P. 부르디외 / 하태환	23,000원
142	"사회를 보호해야 한다"	M. 푸코 / 박정자	20,000원
143	페미니즘사전	L. 터틀 / 호승희·유혜련	26,000원
144	여성심벌사전	B. G. 워커 / 정소영	근간
145	모데르니테 모데르니테	H. 메쇼닉 / 김다은	20,000원
146	눈물의 역사	A. 벵상뷔포 / 이자경	18,000원
147	모더니티입문	H. 르페브르 / 이종민	24,000원
148	재생산	P. 부르디외 / 이상호	23,000원
149	종교철학의 핵심	W. J. 웨인라이트 / 김희수	18,000원
150	기호와 몽상	A. 시몽 / 박형섭	22,000원
151	융분석비평사전	A. 새뮤얼 外 / 민혜숙	16,000원
152	운보 김기창 예술론연구	최병식	14,000원
153	시적 언어의 혁명	J. 크리스테바 / 김인환	20,000원
154	예술의 위기	Y. 미쇼 / 하태환	15,000원
155	프랑스사회사	G. 뒤프 / 박 단	16,000원
156	중국문예심리학사	劉偉林 / 沈揆昊	30,000원
157	무지카 프라티카	M. 캐넌 / 김혜중	25,000원
158	불교산책	鄭泰爀	20,000원

201	기식자	M. 세르 / 김웅권	24,000원
202	연극미학 — 플라톤에서 브레히트까지의 텍스트들	J. 셰레 外 / 홍지화	24,000원
203	철학자들의 신	W. 바이셰델 / 최상욱	34,000원
204	고대 세계의 정치	모제스 I. 핀레이 / 최생열	16,000원
205	프란츠 카프카의 고독	M. 로베르 / 이창실	18,000원
206	문화 학습 — 실천적 입문서	J. 자일스·T. 미들턴 / 장성희	24,000원
207	호모 아카데미쿠스	P. 부르디외 / 임기대	근간
208	朝鮮槍棒教程	金光錫	40,000원
209	자유의 순간	P. M. 코헨 / 최하영	16,000원
210	밀교의 세계	鄭泰爀	16,000원
211	토탈 스크린	J. 보드리야르 / 배영달	19,000원
212	영화와 문학의 서술학	F. 바누아 / 송지연	22,000원
213	텍스트의 즐거움	R. 바르트 / 김희영	15,000원
214	영화의 직업들	B. 라트롱슈 / 김경온·오일환	16,000원
215	소설과 신화	이용주	15,000원
216	문화와 계급 — 부르디외와 한국 사회	홍성민 外	18,000원
217	작은 사건들	R. 바르트 / 김주경	14,000원
218	연극분석입문	J. -P. 링가르 / 박형섭	18,000원
219	푸코	G. 들뢰즈 / 허 경	17,000원
220	우리나라 도자기와 가마터	宋在璇	30,000원
221	보이는 것과 보이지 않는 것	M. 퐁티 / 남수인·최의영	근간
222	메두사의 웃음/출구	H. 식수 / 박혜영	19,000원
223	담화 속의 논증	R. 아모시 / 장인봉	20,000원
224	포켓의 형태	J. 버거 / 이영주	근간
225	이미지심벌사전	A. 드 브리스 / 이원두	근간
226	이데올로기	D. 호크스 / 고길환	16,000원
227	영화의 이론	B. 발라즈 / 이형식	20,000원
228	건축과 철학	J. 보드리야르·J. 누벨 / 배영달	16,000원
229	폴 리쾨르 — 삶의 의미들	F. 도스 / 이봉지 外	근간
230	서양철학사	A. 케니 / 이영주	29,000원
231	근대성과 육체의 정치학	D. 르 브르통 / 홍성민	20,000원
232	허난설헌	金成南	16,000원
233	인터넷 철학	G. 그레이엄 / 이영주	15,000원
234	촛불의 미학	G. 바슐라르 / 이가림	근간
235	의학적 추론	A. 시쿠렐 / 서민원	20,000원
236	튜링 — 인공지능 창시자	J. 라세구 / 임기대	16,000원
237	이성의 역사	F. 샤틀레 / 심세광	근간
238	朝鮮演劇史	金在喆	22,000원
239	미학이란 무엇인가	M. 지므네즈 / 김웅권	23,000원
240	古文字類編	高 明	40,000원
241	부르디외 사회학 이론	L. 핀토 / 김용숙·김은희	20,000원
242	문학은 무슨 생각을 하는가?	P. 마슈레 / 서민원	23,000원

3002 《시민 케인》	L. 멀비 / 이형식	근간
3101 《제7의 봉인》 비평연구	E. 그랑조르주 / 이은민	근간
3102 《쥘과 짐》 비평연구	C. 르 베르 / 이은민	근간

【기 타】

▨ 모드의 체계	R. 바르트 / 이화여대기호학연구소	18,000원
▨ 라신에 관하여	R. 바르트 / 남수인	10,000원
▨ 說 苑 (上·下)	林東錫 譯註	각권 30,000원
▨ 晏子春秋	林東錫 譯註	30,000원
▨ 西京雜記	林東錫 譯註	20,000원
▨ 搜神記 (上·下)	林東錫 譯註	각권 30,000원
■ 경제적 공포〔메디치賞 수상작〕	V. 포레스테 / 김주경	7,000원
■ 古陶文字徵	高 明·葛英會	20,000원
■ 金文編	容 庚	36,000원
■ 고독하지 않은 홀로되기	P. 들레름·M. 들레름 / 박정오	8,000원
■ 그리하여 어느날 사랑이여	이외수 편	4,000원
■ 딸에게 들려 주는 작은 지혜	N. 레흐레이트너 / 양영란	6,500원
■ 노력을 대신하는 것은 없다	R. 쉬이 / 유혜련	5,000원
■ 노블레스 오블리주	현택수 사회비평집	7,500원
■ 미래를 원한다	J. D. 로스네 / 문 선·김덕희	8,500원
■ 사랑의 존재	한용운	3,000원
■ 산이 높으면 마땅히 우러러볼 일이다	유 향 / 임동석	5,000원
■ 서기 1000년과 서기 2000년 그 두려움의 흔적들	J. 뒤비 / 양영란	8,000원
■ 서비스는 유행을 타지 않는다	B. 바게트 / 정소영	5,000원
■ 선종이야기	홍 희 편저	8,000원
■ 섬으로 흐르는 역사	김영회	10,000원
■ 세계사상	창간호~3호: 각권 10,000원 / 4호: 14,000원	
■ 십이속상도안집	편집부	8,000원
■ 어린이 수묵화의 첫걸음(전6권)	趙 陽 / 편집부	각권 5,000원
■ 오늘 다 못다한 말은	이외수 편	7,000원
■ 오블라디 오블라다, 인생은 브래지어 위를 흐른다	무라카미 하루키 / 김난주	7,000원
■ 이젠 다시 유혹하지 않으련다	P. 쌍소 / 서민원	9,000원
■ 인생은 앞유리를 통해서 보라	B. 바게트 / 박해순	5,000원
■ 잠수복과 나비	J. D. 보비 / 양영란	6,000원
■ 천연기념물이 된 바보	최병식	7,800원
■ 原本 武藝圖譜通志	正祖 命撰	60,000원
■ 隸字編	洪鈞陶	40,000원
■ 테오의 여행 (전5권)	C. 클레망 / 양영란	각권 6,000원
■ 한글 설원 (상·중·하)	임동석 옮김	각권 7,000원
■ 한글 안자춘추	임동석 옮김	8,000원
■ 한글 수신기 (상·하)	임동석 옮김	각권 8,000원

東文選 現代新書 26

부르디외 사회학 입문

파트리스 보네위츠

문경자 옮김

사회학이란 무엇인가? 사회는 무엇이며, 그것은 어떻게 재생산되는가? 혹은 반대로 사회는 어떻게 변화하는가? 개인이 차지하는 위치는 무엇인가?

분열된 학문인 사회학에서 부르디외의 접근방식은 흥미를 끌지 않을 수 없다. 만약 그가 주장하듯이 과학적 분석이 장의 개념에서 출발하여 이루어질 수 있다면, 그 속에 속해 있는 행위자들 사이의 투쟁은 필연적일 것이다. 그렇기 때문에 그들 중의 일부는 보존 혹은 확장의 전략들을 이용하고, 또 다른 일부는 전복의 전략들을 이용하기도 한다.

본서는 고등학교 졸업반 및 대학 초년생들의 사회경제학 프로그램에 포함된 여러 주제들을 검토하는 데에 활용될 수 있다.
● 첫째, 부르디외를 그 자신의 역사적 · 이론적 추론의 틀 속에 위치시키면서 그를 소개한다.
● 사회화 과정, 사회의 계층화, 문화적 실천 혹은 불평등의 재생산과 같은 다양한 사회적 사실들을 해명할 수 있게 해주는 개념들과 방법론의 특수성을 설명한다.
● 마지막으로 이 이론의 주요한 한계들을 제시한다.
따라서 대개 산만하게 소개된 부르디외의 이론에 대해 일관된 관점을 가지고 싶어하는 학생들은 이 책을 읽음으로써 흥미를 느낄 수 있을 것이다. 또한 중요한 발췌문을 통해 부르디외의 텍스트들과 친숙해지고, 그의 연구를 더욱 심화, 확대시켜 나갈 수 있을 것이다.

東文選 文藝新書 170

비정상인들

1974-1975, 콜레주 드 프랑스에서의 강의

미셸 푸코
박정자 옮김

비정상이란 도대체 무엇일까? 하나의 사회는 자신의 구성원 중에서 밀쳐내고, 무시하고, 잊어버리고 싶은 부분이 있다. 그것이 어느 때는 나환자나 페스트 환자였고, 또 어느 때는 광인이나 부랑자였다.

《비정상인들》은 역사 속에서 모습을 보인 모든 비정상인들에 대한 고고학적 작업이며, 또 이들을 이용해 의학 권력이 된 정신의학의 계보학이다.

콜레주 드 프랑스에서 1975년 1월부터 3월까지 행해진 강의 《비정상인들》은 미셸 푸코가 1970년 이래, 특히 《사회를 보호해야 한다》에서 앎과 권력의 문제에 바쳤던 분석들을 집중적으로 추구하고 있다. 앎과 권력의 문제란 규율 권력, 규격화 권력, 그리고 생체-권력이다. 푸코가 소위 19세기에 '비정상인들'로 불렸던 '위험한' 개인들의 문제에 접근한 것은 수많은 신학적·법률적·의학적 자료들에서부터였다. 이 자료들에서 그는 중요한 세 인물을 끌어냈는데, 그것은 괴물, 교정(矯正) 불가능자, 자위 행위자였다. 괴물은 사회적 규범과 자연의 법칙에 대한 참조에서 나왔고, 교정 불가능자는 새로운 육체 훈련 장치가 떠맡았으며, 자위 행위자는 18세기 이래 근대 가정의 규율화를 겨냥한 대대적인 캠페인의 근거가 되었다. 푸코의 분석들은 1950년대까지 시행되던 법-의학감정서를 출발점으로 삼고 있다. 이어서 그는 고백 성사와 양심 지도 기술(技術)에서부터 욕망과 충동의 고고학을 시작했다. 이렇게 해서 그는 그후의 콜레주 드 프랑스 강의 또는 저서에서 다시 선택되고, 수정되고, 다듬어질 작업의 이론적·역사적 전제들을 마련했다. 이 강의는 그러니까 푸코의 연구가 형성되고, 확장되고, 전개되는 과정을 추적하는 데 있어서 결코 빼놓을 수 없는 필수 불가결의 자료이다.

東文選 文藝新書 148

재 생 산

피에르 부르디외

이상호 옮김

　이 책은 1964년에 출간된 《상속자들》에서 처음으로 선보였던 연구작업의 이론적 종합을 시도한다. 교육관계, 지식인이나 평민의 언어 사용 및 대학 문화 활용, 그리고 시험과 학위의 경제적·상징적 효과에 대한 경험 연구에서 출발하며, 상징폭력 행위와 이 폭력을 은폐하는 사회조건에 대한 일반 이론을 보여 준다. 이 이론은 상징적 주입관계의 사회조건에 대해 설명함으로써 언어학·사이버네틱 이론·정신분석 이론의 누적된 영향 아래서, 사회관계를 순수한 상징관계로 환원시키는 경향을 보이는 분석의 방법론적 한계를 규정한다.

　이 책에 따르면, 학교는 환상을 생산하지만 그 효과는 환상과 거리가 멀다. 그래서 학교의 독립성과 중립성이라는 환상은, 학교가 기존 질서를 재생산한다는 가장 특별한 기여 원칙에 귀속된다. 나아가 이 책은 문화자본의 분배 구조를 재생산하는 법칙을 해명하고자 시도함으로써, 오늘날 교육 체계에서 작동되는 모순을 완벽하게 이해하는 수단을 제공할 뿐만 아니라 실천 이론에도 기여한다. 행위자를 구조의 생산물이자 구조의 재생산자로 구성함으로써 범구조주의의 객관주의만큼이나 창조적 자유의 주관주의에서도 벗어날 수 있는 실천 이론 말이다.

　현대 교육사회학 분야에서 빼놓을 수 없는 역작으로 평가 받는 이 책은 단순히 교육사회학에 국한되지 않고 교육과 사회, 개인행위와 사회질서, 미시사회학과 거시사회학의 상관성을 밝히는 데 중요한 단서를 제공하고 있다.

東文選 文藝新書 162

글쓰기와 차이

자크 데리다

남수인 옮김

　해체론은 데리다식의 '읽기'와 '글쓰기' 형식이다. 데리다는 '해체들'이라고 복수형으로 쓰기를 더 좋아하면서 해체가 '기획' '방법론' '시스템'으로, 특히 '철학적 체계'로 이해되는 것을 거부한다. 왜 해체인가? 비평의 관념에는 미리 전제되고 설정된 미학적 혹은 문학적 가치 평가에 의거한 비판이라는 부정적인 이미지, 부정성이 필연적으로 내포되어 있는 바, 이러한 부정적인 기반을 넘어서는 讀法을 도입하기 위해서이다. 이 독법, 그것이 해체이다. 해체는 파괴가 아니다. 비하시키고 부정하고 넘어서는 것, '비평의 비평'을 하는 것이 아니다. 해체는 "다른 시발점, 요컨대 판단의 계보·의지·의식 또는 활동, 이원적 구조 등에서 출발하여 다른 가능성을 생각해 보는 것," 사유의 공간에 변형을 줌으로써 긍정이 드러나게 하는 읽기라고 데리다는 설명한다.

　《글쓰기와 차이》는 이러한 해체적 읽기의 전형을 보여 준다. 이 책은 1959-1966년 사이에 다양한 분야, 요컨대 문학 비평·철학·정신분석·인류학·문학을 대상으로 씌어진 에세이들을 수록하고 있다. 이 책은 루세의 구조주의에 대한 '비평'에서 시작하여, 루세가 탁월하지만 전제된 '도식'에 의한 읽기에 의해 자기 모순이 포함될 수밖에 없음을 지적함으로써 자신의 읽기가 체계적 읽기, 전제에 의거한 읽기, 전형(문법)을 찾는 구조주의적 읽기와 다름을 시사한다. 그것은 "텍스트의 표식, 흔적 또는 미결정 특성과, 텍스트의 여백·한계 또는 체제, 그리고 텍스트의 자체 한계선 결정이나 자체 경계선 결정과의 연관에서 텍스트를 텍스트로 읽는" 독법이 될 것이다. 이러한 독법을 통해 후설의 현상학을 바탕으로, 데리다는 어떻게 로고스 중심주의가 텍스트의 방향을 유도하고 결정하고 있는지 보여 주는 한편, 사유의 새로운 지평을 열어 보고자, 중요하지 않은 것으로 간주되어 경시되거나 방치된 문제들을 발견하고 있다.

東文選 文藝新書 175

파스칼적 명상

피에르 부르디외

김웅권 옮김

어느 정도 성취를 이룬 인간은 인간에 대한 관념을 내놓아야 한다. 《파스칼적 명상》이라는 제목이 암시해 주듯이, 본서는 기독교 옹호론자가 아닌 실존철학자로서의 파스칼의 심원한 사유 영역으로부터 출발해 인간과 세계에 대한 새로운 통찰을 제시하고 있다. 본서의 입장에서 볼 때 파스칼의 사상에서 중요한 것은, 인간 사유의 선험적 토대를 전제하지 않고 인간 정신의 모든 결정물들을 이것들을 낳은 실존적 조건들로 되돌려 놓고 있다는 것이다.

사실 사유에 대한 가장 근원적인 문제 제기들은 세계와 실제에 대해 거리를 두고 있는 상태에 대한 문제 제기에서 출발한다. 우리는 이러한 방법적 비판을 파스칼 속에서 이루어 낼 수 있다. 왜냐하면 그의 인류학적 고찰은 학구적 시선이 무시할 수밖에 없는 인간 존재의 특징들로 향하고 있기 때문이다. 그리고 또 하나의 이유는 그가 인간학이 스스로의 해방을 이룩하기 위해 수행해야 하는 상징적 슬로건을 제공하기 때문이다. 이 슬로건은 "진정한 철학은 철학을 조롱한다"이다.

이 책은 실제의 세계와 단절된 고독한 상아탑 속에 갇힌 철학자들이 추상적인 사유를 통해 주조해 낸 전통적 인간상을 송두리째 뒤흔들고 있다. 부르디외는 사회학자로서 기존 철학에 정면으로 도전하면서, 인간 존재의 실존적 접근을 새로운 각도에서 모색함으로써 전혀 다른 존재의 모습을 제시하고 있다. 그것은 사르트르류의 실존적 인간과는 또 다른 인간의 이미지이다. 그것은 관념적 유희로부터 비롯된 당위적이거나 이상적 이미지, 즉 허구가 아니라 삶의 현장 속에 살아 움직이는 실천적 이미지인 것이다.

東文選 文藝新書 201

기식자

미셸 세르

김웅권 옮김

초대받은 식도락가로서, 때로는 뛰어난 이야기꾼으로서 주인의 식탁에 앉아 식사를 하는 자가 기식자로 언급된다. 숙주를 뜯어먹고 살고, 그의 현재적 상태를 변화시키고 그의 생명을 위태롭게 하는 작은 동물 또한 기식자로 언급된다. 끊임없이 우리의 대화를 중단시키거나 우리의 메시지를 차단하는 소리, 이것도 언제나 기식자이다. 왜 인간, 동물, 그리고 파동이 동일한 낱말로 명명되고 있는가?

이 책은 우선 이러한 질문에 대한 대답으로서 이미지의 책이고 초상들의 갤러리이다. 새들의 모습 속에, 동물들의 모습 속에, 그리고 우화에 나오는 기이한 모습들 속에 누가 숨어 있는지를 알아서 추측해 볼 필요가 있을 것이다. 크고 작은 동물들이 함께 식사를 하는데, 그들의 잔치는 중단된다. 어떻게? 누구에 의해? 왜?

미셸 세르는 책의 마지막에서 소크라테스를 악마로 규정한다. 이 소크라테스의 초상에 이르기까지의 긴 ‘산책’이 기식자라는 화두를 중심으로 펼쳐진다. 세르는 기식의 논리를 라 퐁텐의 우화로부터 시작하여 성서·루소·몰리에르·호메로스·플라톤 등의 세계를 섭렵하면서 펼쳐내고 있다. 뿐만 아니라 그는 경제학·수학·생물학·물리학·정보과학·음악 등 다양한 분야를 끌어들여 기식의 관계가 모든 영역에 연결되고 있음을 드러낸다. 특히 루소를 기식자의 한 표상으로 설정하면서 그가 주장한 사회계약론의 배면을 그의 삶과 관련시켜 흥미진진하게 파헤치고 있다.

기식자는 취하면서 아무것도 주지 않는다. 말·소리·바람밖에 주지 않는다. 주인은 주면서도 아무것도 받지 않는다. 이것이 불가역적이고 되돌아오지 않는 단순한 화살이다. 그것은 우리들 사이를 날아다닌다. 그것은 관계의 원자이고, 변화의 각도이다. 그것은 사용 이전의 남용이고, 교환 이전의 도둑질이다. 우리는 그것으로부터 기술과 사업, 경제와 사회를 구축할 수 있거나, 적어도 다시 생각할 수 있다.

東文選 文藝新書 241

부르디외 사회학 이론

루이 핀토

김용숙 · 김은희 옮김

부르디외가 추천한 부르디외 사회학 해설서

본서는 수년전 부르디외가 한국을 방문하였을 적에 그에게 자신의 이론을 가장 잘 해설한 책을 한권 추천해달라고 부탁해서 한국 독자들에게 소개하게 된 책이다.

저술의 원칙이 되는 본질적인 행위들을 제시하고, 지성적 맥락을 재구성하며, 인류학이자 철학적인 영역을 명시하는 것이 루이 핀토의 글이 갖는 목적으로, 그의 연구는 단순한 주해서를 넘어서서 이러한 저술이 제안하는 교훈을 총망라한다.

피에르 부르디외의 이론은 결코 객관주의나 과학만능주의가 아니며, 관찰자의 특권을 중시하는 과학적 실천의 중심부의 성찰을 함축한다. 그의 이론은 사회 세계나 우리 스스로에게 향한 우리의 시각을 변화시키는 지적 수단을 제공하고 있다. 이런 의미에서 그의 이론은 개인적이자 보편적인 사물들을 파악하게 하고, 우리가 하는 유희와 그 이해 관계, 그리고 모르던 것을 인정하는 데 필요한 저항들을 이해하는 데에 도움을 주는 사회 분석의 작업이다.

사회 질서는 심층에 묻힌 신념들과 객관적 구조를 따르므로, 사회학은 사회 세계의 정치적 비전을 반드시 갖고 있다. 사회학은 우리에게 유토피아 정신과 질서의 사실적 인식을 연결하는 것을 가르쳐 준다.

사회학자이자 철학자인 루이 핀토는 국립과학연구소(CNRS)의 소장직을 맡고 있다. 그의 연구는 언론, 문화, 지성인과 철학 등을 다루고 있다.

東文選 文藝新書 211

토탈 스크린

장 보드리야르
배영달 옮김

　우리 사회의 현상들을 날카로운 혜안으로 분석하는 보드리야르의 《토탈 스크린》은 최근 자신의 고유한 분석 대상이 된 가상(현실)·정보·테크놀러지·텔레비전에서 정치적 문제·폭력·테러리즘·인간 복제에 이르기까지 현대성의 다양한 특성들을 보여 준다. 특히 이 책에서 보드리야르는 오늘날 우리를 매혹하는 형태들인 폭력·테러리즘·정보 바이러스와 관련하여 기호와 이미지의 불가피한 흐름, 과도한 커뮤니케이션, 프로그래밍화된 정보를 분석한다. 왜냐하면 현대의 미디어·커뮤니케이션·정보는 이미지의 독성에 의해 증식되며, 바이러스성의 힘을 지니기 때문이다.

　보드리야르는 현대성은 이미지의 독성과 더불어 폭력을 산출해 낸다고 말한다. 이러한 폭력은 정열과 본능에서보다는 스크린에서 생겨난다는 의미에서 가장된 폭력이다. 그리고 그것은 스크린과 미디어 속에 잠재해 있다. 사실 우리는 미디어의 폭력, 가상의 폭력에 저항할 수가 없다. 스크린·미디어·가상(현실)은 폭력의 형태로 도처에서 우리를 위협한다. 그러나 우리는 스크린 속으로, 가상의 이미지 속으로 들어간다. 우리는 기계의 가상 현실에 갇힌 인간이 된다. 이제 우리를 생각하는 것은 가상의 기계이다. 따라서 그는 "정보의 출현과 더불어 역사의 전개가 끝났고, 인공지능의 출현과 동시에 사유가 끝났다"고 말한다. 아마 그의 이러한 사유는 사유의 바른길과 옆길을 통해 새로운 사유의 길을 늘 모색하는 데서 비롯된 것일 터이다. 현대성에 대한 탁월한 통찰력을 보여 주는 보드리야르의 이 책은 우리에게 우리 사회의 현상들을 비판적으로 읽게 해줄 것이다.